Your Defiant Child
8 Steps to Better Behavior (Second Edition)

如何养育叛逆孩子

八步改善儿童行为，重建亲子依恋关系

（第二版）

［美］拉塞尔·A.巴克利　克里斯蒂娜·本顿　著
（Russell A. Barkley）　（Christine Benton）

邹丽娜　译

中国轻工业出版社

图书在版编目(CIP)数据

如何养育叛逆孩子：八步改善儿童行为，重建亲子依恋关系：第二版 /（美）拉塞尔·A.巴克利（Russell A. Barkley），（美）克里斯蒂娜·本顿（Christine Benton）著；邹丽娜译. —北京：中国轻工业出版社，2019.9（2025.1重印）

ISBN 978-7-5184-2223-4

Ⅰ.①如… Ⅱ.①拉…②克…③邹… Ⅲ.①儿童教育-家庭教育 Ⅳ.①G782

中国版本图书馆CIP数据核字（2018）第254321号

版权声明

Copyright © 2013 The Guilford Press
A Division of Guilford Publications, Inc.
Published by arrangement with The Guilford Press

保留所有权利。非经中国轻工业出版社"万千心理"书面授权，任何人不得以任何方式（包括但不限于电子、机械、手工或其他尚未被发明或应用的技术手段）复印、拍照、扫描、录音、朗读、存储、发表本书中任何部分或本书全部内容，以及其他附带的所有资料（包括但不限于光盘、音频、视频等）。中国轻工业出版社"万千心理"未授权任何机构提供源自本书内容的电子文件阅览、收听或下载服务。如有此类非法行为，查实必究。

责任编辑：刘　雅　　责任终审：腾炎福
策划编辑：戴　婕　　责任校对：刘志颖　　责任监印：吴维斌

出版发行：中国轻工业出版社（北京鲁谷东街5号，邮编：100040）
印　　刷：三河市鑫金马印装有限公司
经　　销：各地新华书店
版　　次：2025年1月第1版第4次印刷
开　　本：710×1000　1/16　印张：16
字　　数：140千字
书　　号：ISBN 978-7-5184-2223-4　定价：58.00元
读者热线：010-65181109
发行电话：010-85119832　010-85119912
网　　址：http://www.chlip.com.cn　http://www.wqedu.com
电子信箱：1012305542@qq.com
版权所有　侵权必究
如发现图书残缺请拨打读者热线联系调换
242249Y2C104ZYW

译者序

教养孩子既是为人父母的天职,也是一种高深莫测的技能。每个父母都可能遇到叛逆的孩子或孩子出现叛逆行为的情况,当你的每句话后面都跟着一句"不"时,作为普通人,你多半会瞬间火冒三丈、失去理智的。我在儿童心理与教育领域工作了10多年,遇到非常多的父母,他们在与孩子的沟通上遇到了困难,导致亲子关系受到伤害,而这种基础性的伤害会给儿童、父母、家庭,甚至对更大范围的关系造成打击。这些父母急需具有操作性、有实证基础的技术和技巧来帮助自己解决现实生活中的困难。我希望能尽自己的能力,为向我咨询过的父母和更多的家长提供一些专业帮助,把好的理念和方法介绍给他们。所以,当我第一次听到《如何养育叛逆孩子》这本书的书名时,我马上产生了兴趣。在粗略浏览了全书之后,我发现这是与诸多家庭教育著作区分度很大的一本书。在阅读本书时,你能感受到自己正在接受关于父母教养技术的教练式培训,它在基础理论的阐述上深入浅出,在实践层面的指导上精准到位,并不时地透露出对父母和孩子的深切理解和共情。它简洁又细腻,它关注到了孩子和家长微妙的心理变化,在其方法的每一个使用环节中都给予父母充分的思考空间和选择余地。

我曾经拜读过拉塞尔·巴克利(Russell A. Barkley)博士的多部著作,包括《如何养育多动症孩子——给父母的权威完全指导》*《十步搞定叛逆青少年》**等，他是一位实践型的心理学家，几十年来孜孜不倦地总结、推广自己的经验，研究、实践自己的理论。接到这本书的英文原版时，我有点激动和忐忑不安，因为作为儿童心理学工作者，能遇到好书的翻译机会十分难得。但是我也在自问，是否有能力真实地传达作者的本意？是不是能准确地传达作者强调的情感与理智的平衡？

身为在一线领域工作多年的专业人士，同时作为一位母亲，我能深切体会，父母在面对孩子叛逆和持续违抗时的沮丧和心力交瘁。我想，在长达8个月的翻译期中，我已经成为巴克利博士的忠实读者，也将是他的方法的积极传播者，我会向更多的家长推荐书中的方案。本书不仅语言简洁、易懂，而且操作性和逻辑性极强。书中涉及很多技术和方法，这些是作者经过成千上万次的父母培训和咨询实践总结出来的，更是汇集了很多父母的智慧。下面，我将告诉大家这本书到底讲了什么，帮你快速进入角色。

首先，这本书是写给父母看的，当然心理学、教育学的专业工作者也会发现很多有用的信息。作者用朴实精炼的语言叙述了儿童叛逆行为的起因、发展以及矫正方法，而且提供了大量实用的工具和量表，并附注了许多其他有用的资源。阅读本书的过程其实也是自我反思的过程，作为父母，只有先改变自己，才能改变孩子。书中提供的量表能让家长们重新审视自己的个人特征、生活、婚姻情况等，能更客观地看待孩子的问题，找到最切实可行的办法。

其次，这里的叛逆行为是指任何儿童都可能出现的叛逆行为，是儿童成长过程中或多或少都会出现的一种现象，只是有些孩子在连续体上更靠左，

---

* 此书英文名为：*Taking Charge of ADHD: the Complete, Authoritative Guide for Parents*；中文简体版已于2016年由中国轻工业出版社"万千心理"策划出版。——译者注

** 此书英文名为：*You Defiant Teen: Ten Steps to Resolve Conflict and Rebuild Your Relationship*，中文简体版已于2011年由中国轻工业出版社"万千心理"策划出版。——译者注

有些则更靠右。有些孩子出现的所谓"叛逆",比如反抗期,只是发展的一个过程;而有些孩子的问题则已经引起了成长和亲子关系的困难,需要进行系统、科学、一致的管教。在书中,作者始终强调,如果问题已经发展成对立违抗性障碍或品行障碍,在使用本书进行自我援助的同时,也需要请求专业人士的帮助。

再次,作者提出使用8个步骤帮助孩子改变。每个步骤都要在前一个步骤获得成功的基础上进行,任何急于求成或急功近利都会让整个过程失败,因此家长在阅读本书时要力求认真、细致,领会作者的用意和指导语。在与孩子的相处过程中,细节的影响可能很大,一个眼神、一个奖励、一次惩罚都有可能使你和孩子辛苦建立的信任崩塌,所以亦步亦趋、按部就班、保持清醒、坚持耐心是成功的关键。

最后,书中提到一些专业名词,请读者朋友认真对待,因为判断孩子问题的严重性是非常关键的。书中的很多环节和方法都涉及父母在特定时刻要如何抉择的问题,我想这也是真正为人父母的职责中很重要也很难的部分。对于如何选择这个问题,作者给出了很多可选方法。但总的来说,解决困难的基础在于,家长要用冷静又不失科学性的思维去认识孩子的问题,同时要带着对孩子无条件的爱和希望。因此,对叛逆行为相关名词的定义和解释,请切记认真对待。

翻译是一个既需要忠实态度,又需要创造力的过程。我将每一次的反复斟酌、与现实对接,都看成是对自己的历练。作为一位儿童心理学工作者和一位母亲,我希望通过这个过程能在专业和生活上获得成长和进步。我非常感谢推荐我翻译此书的王思睿博士和本书的策划编辑戴婕。还要特别感谢王飞峤先生在我翻译此书时给予我的帮助,他是非常资深的中文编辑和儿童文学创作者,在翻译文、词、句的处理等方面给了我很多指导建议,又在我翻译完成后对整个译稿进行了统稿和审核。也感谢我的导师刘文教授,感谢她一直以来对我的鼓励、指导和培养,让我在面对翻译工作时既有能力也有自信。

也要把最诚挚的祝福和感激送给这本书的读者，感谢你们拿出时间来阅读本书并真的投入时间和精力去尝试和实践书中的方法，你们当之无愧是孩子的教育专家，无可取代，让我们为孩子美好的明天共同努力！

邹丽娜

中国科学院幼儿园教研中心主任

中国心理学会青年委员会委员

前言

本书呈现的是长达30多年的临床实践和研究工作的精华,这些工作以儿童破坏行为(特别是儿童冲动、多动、注意力缺失和叛逆等问题)的性质、起因、治疗为基础。本书亦引用了大量聚焦此类问题行为且已公开出版的科研著作,以及一些精神病学和心理学文献中所呈现的治疗方法。在北美地区,本书所述的儿童行为管理方法是最常用于管理儿童对立违抗性行为的最有效方法之一。在过去的30年中,通过研讨会和工作坊,我曾向一万多位心理健康专家介绍过这套方案,这样他们就可以向其在临床实践中所服务的家庭进行推广。我本人凭此把这个方案直接传授给了2500多个家庭。

科研和临床经验引领我创作完成了一本适用于临床专业人士的工作手册。该手册记述了儿童对立违抗性行为的本质和评估方法,以及非常详尽的10步方案。用它可以训练孩子的家长用更有效的方法减少他们与孩子相处过程中的冲突。虽然这些信息来源似乎对服务于具有攻击性、对立、冲动行为的儿童的专业团体非常有利,但是家长没办法直接从中获取有效信息。我越来越感觉到只有直接为家长写一本书才能满足他们对直接、有效、实用信息的广泛需求。本书第一版中介绍的8步方案是对原始的10步方案的修订,目的是告诉家长,如何让难以管教的孩子变得宜人、乐于合作、具有更好的适应力,并且表现更佳。我利用本书第一版出版之后的14余年时间,对叛逆儿童的行为进行了进一步研究，第二版中更新了这些研究成果。

我本人是科研和专业教材的作者，在最开始当我们还在讨论本书的第一版时，我和出版社考虑是否可以说服克里斯蒂娜·本顿（Christine Benton）来做联合作者。其实，在我的另一本书《如何养育多动症孩子——给父母的权威完全指导》的第一版中，克里斯蒂娜已经跟我合作过了，当时她把我在注意缺陷/多动障碍（attention-deficit/hyperactivity disorder，ADHD，简称"多动症"）上所获得的科研成果转化成，对普通读者来说更有趣、实际、丰富和有效的信息。这次她也同意了，并且本书的第一版是我们俩愉快合作的成果。第二版我们再次合作，希望可以确保它的内容对家长而言具有很高的可读性和有效性。和以前一样，如果你发现这个作品不但容易阅读和理解，而且还具有启发性，甚至有娱乐性，那么一切都归功于克里斯蒂娜。如果你发现这个项目中的方法和内容本身就是有问题的，那么一切都要归咎于我。

然而类似的项目仅靠一两个人是不可能完成的。项目中的几个基础部分，最早是四十几年前由康斯坦斯·汉夫（Constance Hanf）研发的，他曾是俄勒冈健康与科学大学的一位名誉教授，目前已故。非常幸运，我在该大学下属的儿童发展与康复中心完成了残障儿童治疗的一项实习，她在那次实习中把那些方法传授给我。我非常感激她细致的教学和指导。从那时起，我就把她的部分原始成果，与很多引自其他专家著作的有效儿童管理方法的部分元素，结合了起来。这些专家中，有些理应再次受到尊重，他们致力于研究叛逆、攻击性儿童及其治疗的临床研究工作，他们是：杰拉尔德·帕特森（Gerald Patterson）、约翰·里德（John Reid）、雷克斯·福汉德（Rex Forehand）、罗伯特·麦克马洪（Robert McMahon）、罗伯特·沃尔勒（Robert Wahler）、查尔斯·坎宁安（Charles Cunningham）、埃里克·马什（Eric Mash）、汤姆斯·迪施恩（Thomas Dishion）、希拉·艾伯格（Sheila Eyberg）、卡罗琳·韦伯斯特—斯特拉顿（Carolyn Webster-Stratton）、莫琳·福加什（Maureen

Forgatch)、马克·罗伯茨（Mark Roberts）、史蒂芬·欣肖（Stephen Hinshaw）、威廉·佩勒姆（William Pelham）、罗尔夫·洛伯（Rolf Loeber）和马修·桑德斯（Matthew Sanders）。另外有几位人士，他们多年来给我的建议对儿童管理方法的结构和内容影响至深，并改善了它的有效性，他们是：埃里克·沃德（Eric Ward）、玛丽艾尔伦·费舍尔（Mariellen Fischer）、阿瑟·安纳斯托普洛斯（Arthur Anastopoulos）、乔治·杜保罗（George DuPaul）、泰利·谢尔顿（Terri Shelton）、格温利斯·爱德华斯（Gwenyth Edwards）、迈克尔·乔顿（Michael Gordon）、玛丽安·罗伯茨（Maryann Roberts）和罗伯特·纽比（Robert Newby），我非常高兴、也非常荣幸在不同时期与他们每个人都有过合作。特别是，有时候当我和克里斯蒂娜想要一些近期正在应对和帮助叛逆儿童的家庭案例时，就会求助于格温利斯·爱德华斯，马萨诸塞大学医学院的多动症门诊主任，在我的临床经验之外从真实的临床案例中找到一些真实的、丰富的趣闻逸事。我和克里斯蒂娜对于她在这方面的帮助十分感激（这些逸事中，所有的人物身份都是虚拟的，本书中出现的其他事例都是根据典型的亲子经历进行的虚构创作）。

在本书第一版的写作过程中，我得到了美国国家心理健康研究所的部分资助。但是本书中的内容仅由作者负责，不一定代表支持机构指定的政府观点。

克里斯蒂娜和我还要感谢吉尔福德出版公司的西摩·温加腾（Seymour Weingarten）、鲍伯·马特洛夫（Bob Matloff）和炬蒂·穆尔（Kitty Moore），感谢他们对原始版本和目前修订更新版的鼓励，他们还对我和克里斯蒂娜的合作给予了鼓励。我们还要感谢这家顶级出版社的制作人员，要谢谢他们允许我们在原始版和更新版的出版过程中成为他们大家庭中的一分子。

最后，但不限于此，我和克里斯蒂娜还要把感激献给我们各自的家庭，感谢他们在我们修订本书期间给予我们的耐心，为此我们占用了不少家庭生活时间。感谢他们在我们儿童时期的家庭生活中给予我们的教育。特别的感谢要致以帕特·巴克利（Pat Barkley）和麦克·本顿（Mike Benton）。没有他们对我们的努力和写作上的支持，我们可能从不会考虑这样做，更别提承担这份工作了。

拉塞尔·A. 巴克利

引 言

如果一个孩子总是调皮捣蛋，很容易会让人觉得只有他才有这种表现，或者人们至少会认为他是个非常坏的孩子。这种感觉自然会让家长自责"为什么我没办法控制自己的孩子？"，同时感觉十分孤立无援。

你并不是一个人，而且很有可能，你孩子的行为并不比别的孩子差。近期的研究表明，美国各地都有5%～8%的儿童有明显的问题行为，包括对立、不服从和叛逆等，而这些数字仅包含了那些行为严重到可以诊断为行为障碍的儿童。还有更多的儿童可以被认定为是"难养型"儿童（他们的父母也忍不住觉得他们"无药可救"）。你一定知道，这些孩子快把父母逼疯了，有时候也让其他大人和孩子发疯，他们拒绝完成大人要求或希望的事，脾气暴躁，喜怒无常，打破或者忽视常规。因此，他们很难适应环境，也不会跟人相处。他们的行为方式可能会阻碍学业成绩，妨碍发展出正常的社会生活。儿童要长大成为健康快乐的成年人，都需要亲子关系这一纽带，最糟糕的就是，他们的行为会严重损害亲子关系。

我为成千上万的父母做过咨询，因此我知道这种情况会让父母十分沮丧，也会对孩子不利，父母们陷入与儿子（或女儿，儿子更多些）进行"权力斗争"的模式中。如果你有机会接触其中一部分人，就会发现有许多非常善良的人与你面临着同样的问题：孩子频繁出现叛逆行为，并感觉对孩子失去了控制。

本书中，我会用自己的方式向你分享其他父母的支援、经验和智慧。在36年的时间里，我与同事一起，在位于密尔沃基的威斯康星医学院，后来的伍斯特的马萨诸塞大学医学中心，以及之后的南卡罗来纳医科大学，以个体或者小组的方式培训家长，采用一些方法帮助儿童改善行为，让他们和谐友善地生活。家长对于"什么有效、什么无效"的反馈，帮助我们扩展和完善了方案。可以确切地说，你在书中所读到的内容，都是由跟你有一样处境的人创作的。实际上，通读全书，你不止可以看到我对家长的常见问题的回答，还有诸如父母和孩子如何有效应对人际困境的小逸事。我想你会跟我一样，对他们的创造力感到印象深刻。创造力和适应性对于抚养孩子而言永远是一笔财富，但是无法与一致性相提并论。

父母对孩子的一致性是指，设定规则、表达期待、给以关注、鼓励良好行为、对不当行为施加方式一致的后果，一致性是纠正孩子行为的关键因素，因此它也是本书中的管教方案的基本理念。

脾气暴躁的孩子总是考验耐心的，你也是个普通人，也会因为疲倦而无法执行规则；会因为绝望而无法控制自己和公平地进行管教；会因为沮丧，而无法阻止冲突不断升级。所有这些都会导致我所说的"任意教养"，会让孩子更加叛逆。一致性是打破这种模式的途径，但是需要你付出很多努力。

为什么孩子出现问题行为，你却要承担改变的压力呢？第一，简单来说，如果你不做出改变，孩子可能没办法改变。孩子需要帮助，而你是提供帮助的最佳人选。第二，你的绝望大多源于你竭尽全力也不能改变孩子。大多数父母都能找到一个可控的突破口——那就是自己的行为，最终从中获得解脱。第三，通过做出这些改变你会有很多收获。采用我们的教养方案的父母，有80%看到了孩子的行为发生了持久的变化。有些孩子的叛逆行为破坏了他们和家人的生活，但是还没有严重到可以诊断为障碍。如果他们的父母能承诺认真地履行我们的教养方案，那么这些孩子是可以达到正常的行为标准的。

即使孩子的情况更为严重，叛逆行为持续不断，从我们的教养方案中学到的工具，也可以大大降低孩子的行为造成的破坏。但是叛逆行为一旦被忽视，就容易在接下来的几年里演变成让人无计可施的品行问题，有时被心理健康专家称为品行障碍（conduct disorder，CD）或反社会人格障碍（antisocial personality disorder）。

如果孩子已经超过 12 岁，或者表现出极大的攻击性或暴力，请不要在没有专家指导的情况下实施本方案。在年长的孩子中，叛逆的行为往往是根深蒂固的，往往是无法仅靠自助解决的；如果你的孩子有暴力行为，那治疗师可以帮助你确保整个家庭的安全。另外，通过理解叛逆行为的原因并学会应对，只需要几个月的齐心协力，就能帮助你将家从"战场"变成"港湾"。因此，你能够改善孩子对要求和规矩的服从度，并由此恢复家庭和谐。

本书分成"了解叛逆儿童"和"与叛逆儿童相处"两部分。等你读了有关叛逆行为的全部内容，包括引起叛逆的原因、可能解决叛逆的各种方法等，也就是到第一部分快结束时，你会对孩子出现的情况以及自己要怎么做有一个比较确定的想法。虽然本书是为自助设计的，有的人可能更愿意把它用作接受指导的自助——就是说，找一个你感觉可以信任的，并且熟悉这个教养方案的治疗师，然后共同努力。有的人可能会看完第一部分就得出结论：根本就不存在什么要解决的问题。无论如何我希望你能看完第二部分。这个教养方案建立在坚实和经过证实的育儿原则的基础上，这些原则对所有孩子都有好处，它们出现在第一部分的最后一章里，我相信你会发现一些有用的东西。

第二部分是 8 步家长训练方案。一般需要 8 周的时间来完成这个方案，但是在第 4～6 周的时候，你可能就可以看到孩子的行为和自己的生活得到了明显的改善，学到了很多技巧，然后乐于继续使用下去。每个步骤都依赖于上一个步骤的顺利完成，所以请不要跳步，或者只挑选或选择你觉得有意思的步骤去做。书中要求你做的事情不都是有趣或容易做的，但是这些事都是必需的。总之，请不要还没完成 1—3 步，就去使用第 4 步的管教方法。

前几步对你和孩子来说都会是耳目一新的体验。由于本教养方案能成功的前提在于，先重新建立起积极的人际关系，所以你要开始学会给予孩子不加批评的关注，表扬孩子的良好行为，换句话说就是，看到孩子的好。你会惊讶地发现，孩子需要表扬和赞美的频率会如此地高，而且他会如此地感激你的关注。一旦建立起尊重和赞许孩子这一基础模式，你就可以通过练习，用不引起孩子逆反的小要求，慢慢地让孩子形成听话的习惯。表扬是一种很重要但不是非常强大的激励，所以下个步骤，就是要学会用物质奖励诱导孩子更加一致地配合你，并且把它用在孩子比较反感的任务上。

在使用了所有这些积极方法让孩子去做事情之后，你才可以使用方案中温和、正常的管教方法。这些方法包括，在孩子出现叛逆行为时撤销奖励，正如你在他听话时给他奖励一样，也包括有效地使用"计时隔离（Time-out）"的惩罚。到了方案的这个部分（接下来是第 5 步），应该已经取得了明显进步。但是如果你在家以外的地方对于控制孩子行为需要帮助的话，那第 6 步和第 7 步提供了在公共场所和学校拓展这些方法的技巧。第二部分的结尾是对未来的展望，预计怎样保持已经取得的进展，展望如何预期和应对孩子今后的行为问题。

本书最后是一些附加信息和支持性资源。但是切记，如果本书不足以帮助到你，还有很多善良、有才能的专业人士可以求助。如果需要更多的帮助，请联系专业人士，可以先从儿科医生开始。

目录

译者序 // I

前言 // V

引言 // IX

| 第一部分 | 了解叛逆儿童 // 1

    第一章　我的孩子有问题吗 // 3

    第二章　为什么我们家会发生这种事 // 19

    第三章　我该怎样做 // 45

    第四章　至理箴言：良好行为的基础 // 67

| 第二部分 | 与叛逆儿童相处 // 77

    第五章　第1步：给予关注 // 89

    第六章　第2步：利用表扬赢得安宁与配合 // 109

    第七章　第3步：口头表扬不够时，要给予奖励 // 131

    第八章　第4步：温和的管教——计时隔离 // 153

第九章　第 5 步：把计时隔离用于其他问题行为 // 175

第十章　第 6 步：出声思维，提前思考——公共场合该怎么做 // 187

第十一章　第 7 步：协助老师一起帮助孩子 // 203

第十二章　第 8 步：走向更好的明天 // 221

资　源 // 231

PART 1

了解叛逆儿童

第一章

我的孩子有问题吗

怀疑自己的孩子有问题，其实是件恐怖也很痛苦的事。如果你的担忧源于孩子的问题行为，特别是冲着你来的问题行为，那么你就会感到困惑不解，把自己搞得身心俱疲。一方面，你认为其他同龄孩子都没有那种表现……但另一方面，难道不是所有的孩子都会违背或挑战父母的权威吗？他们不是都要经历各种阶段吗？确实有担心的必要吗？很可能你会纠结于这些问题而难以入眠。假如你每天都是在与孩子的斗争中度过，那么以后就不会再这样了。

在本章，我希望帮助你重新树立勇气，解决你和儿子（或女儿）所面对的问题，最终目的是恢复与孩子的亲子关系，这正是我们想要的也是应该得到的结果。现在就开始，让我们通过一个简单的对照来解答让你夜不能寐的问题——我的孩子有问题吗？

下面的情景听着耳熟吗？

- 珍妮是个感情丰富的可爱女孩，老师说她非常聪明，但是她不想按要求做事，不想集中注意力。此时她似乎变成了另外一个孩子——吵闹、敌意、彻头彻尾惹人烦。我越想说清楚上床睡觉、收拾玩具或刷牙与否由不得她，她喊"不"的声音就越大。她好像完全没听懂我在说什么。

- 本总是在任何地方都无法表现得体。我曾经不得不把他拖出玩具店，而在杂货店里，因为他坚持要买糖果，我最后只好用大吼大叫来对付他。我已经到了尽一切可能待在家里的程度。我真的没力气日复一日地处理一个接一个的崩溃时刻。

- 我能看得出乔希最近变得抑郁、暴躁、退缩，可不知道该怎么做。我曾试着向他解释，如果他这样专横霸道，自然没有人愿意跟他一起玩儿，他不可以总是为所欲为。据说他是这个街区唯一没有受邀去参加比利生日聚会的孩子，我非常伤心。

- 我感觉自己好像站在仓鼠笼子里的车轮上，而且并不知道怎么从轮子上下来。安妮顶嘴，我就喊回去。她喊回来，我就喊得更大声。我威胁要惩罚她，她还是不肯服从。我越来越愤怒，一直到要么吓到自己，要么筋疲力尽。正要开始放弃，我才发现自己已经花了 20 分钟跟一个 5 岁的孩子争吵，却没能说服她按照我说的做。

- 当苏茜平静地拒绝了我让她做的事后，我真是完全不知所措了，我居然带她去耳科医生那儿做了专门检查。要解释她如此频繁地无视我，唯一合乎逻辑的理由是她听不到我的话。

- 弗兰基总是很有脾气，总是知道自己要什么。之前在他 2 岁的时候，我不怎么担心这件事——我们只是摇摇头，告诉自己，他长大了就不会这样了。但是现在，我们发现其他孩子都度过了"糟糕的 2 岁"阶段，继续向前发展。而已经 6 岁的弗兰基仍然每天发脾气，抢其他孩子的玩具，连推带撞地插在队列的第一个，每天晚上几乎要经过一番斗争他才肯上床睡觉，这样的状况还要持续多久？

上述父母的怨声中，贯穿始终的主线是——孩子的叛逆，就是所谓的抵抗、敌对、矛盾、不服从、任性、易怒、顶嘴、莽撞无礼，或者还有很多类似的词语，都是指孩子总是不能遵守规则、听从指令或者服从要求，通常无法满足父母、老师、同伴以及全社会对他的期待。

叛逆儿童通常比其他儿童表现出更多的愤怒与怨恨。他们拒绝为自己的行为负责，而是把问题指向别人，或者甚至因为感到被冒犯而企图"报复"。在前述行为中，你或多或少能识别出自己的孩子的表现，可能现在你有些头绪了，但是对于判断孩子是不是有问题则还不够。儿童的敌对、违抗行为可能有各种复杂的表现形式，而父母对"问题行为"的定义方式也各不相同，这取决于父母期待孩子怎样表现以及能容忍孩子的行为超出界限的程度。因此，要回答"真的有问题吗？"或"只有我的孩子是这样的吗？"你需要一些可靠、客观的方法。

当某个儿童的行为模式出现以下三种类型时，我和我的同事就会判断这个儿童有对立违抗性问题。

1. 孩子没能在你提出要求后的 1 分钟之内按要求去做（或者，没有按你要求的在某个时间点之后的 1 分钟之内按你说的做，比如在动画片结束后的 1 分钟之内）。
2. 孩子不能完成你要求他做的事。有的孩子可能起床后马上按照要求整理床铺，但是中途就会跑开去做更有意思的事。
3. 孩子违反已知的行为准则。你的儿子是不是明知道在家里不允许骂人但还是会骂人？你的女儿是不是明白"未经允许不可以吃零食"的规矩，但还是经常没问一下就从冰箱里拿东西出来？不服从与叛逆的行为最可能发生在家里或者公共场所，但是你的孩子可能在学校里也这样，比如在教室里未经允许就离开座位或者在课堂上讲话，从头说到尾。

对于父母和心理医生而言，在确定儿童的叛逆行为上存在的一个最大问题是，这三种类型的行为可能会以多种形式表现出来，而且他们表现出的敌对行为在程度上差异很大。有些孩子，像上面说到的苏茜，他们非常被动地回避要求和规则。其他孩子，像珍妮和弗兰基，他们会用声音表达他们的反抗，甚至是用肢体。

有的父母倾诉，当他们要求孩子做不情愿的事情时，孩子会对着父母大喊大叫和咒骂，甚至动手推撞或打父母。对立违抗性行为可以是从发牢骚、抱怨、哭闹到争吵、叫喊、尖叫和咒骂各个层面。它的程度可以从简单的逃避任务，到破坏财物和发生打斗。也许你曾经在孩子身上发现过以下这些倾向。

对立违抗儿童行为评估

- 瞬间从心满意足变化到怒不可遏。
- 对一些事情，即使知道最后不得不服从，还是做无谓的对抗，比如上床睡觉、上学或者到餐桌吃饭。
- 跟朋友一起玩的时候坚持按自己的方式玩。
- 只要是不愿意干的事，把小事也要当大事一样大吵一架。
- 为了逃避对行为负责任，可能会撒谎或者骗人。
- 不轻易忘掉一些小过节，容易对人报复。
- 很容易被激怒。
- 可能会没有明显原因地对特定的某人表现出敌意。
- 忽略他人的命令。
- 故意违抗父母，或者有时候违抗其他大人。
- 任意地破坏规则。
- 口头拒绝执行指令。
- 纠缠、打扰或者嘲弄别人，有时候很明显就是闹着玩儿。
- 打断别人的游戏。
- 看起来很好斗。
- 不能像同龄孩子那样控制自己的脾气。
- 经常出于愤怒而破坏或损毁物品。
- 可能会沉溺于自我伤害，比如屏住呼吸或撞脑袋。
- 对父母，特别是对母亲不尊重。

如果以上这些内容已经开始准确地帮你描绘出孩子的状况，那请你继续读下去。本章的内容是要告诉你：关于孩子的行为你还需要了解些什么，以便确定你是真的有问题需要解决还是只需再忍受一个发展阶段。本章要解释的是，怎样以及在什么情况下判定孩子的叛逆行为是一种障碍，以及这种障碍伴随着哪些其他问题。在接下来的篇章中，你可以了解孩子的问题可能严重到什么程度，是否需要本书之外的额外帮助。然而，大多数读者会再次确信，在解决这个问题上自己并不需要专业帮助。实际上，对孩子叛逆行为的本质懂得越多，就越不会把它看成是"孩子出了问题"。你会把它看作是一个困难情境，或是一种有很多可行方案的互动模式。我相信你会抱着新的希望看完这部分内容的，希望自己能够迎接这个挑战并恢复和孩子之间的亲密关系，也希望这个问题不会阻碍孩子通往幸福、健康的成人之路。

正常的发展阶段什么时候开始变成难题了

如果这些行为是在相对较短的时期内出现的，则不必担忧。即使孩子一个星期里不停地说"不，我不要！"似乎永无休止，但实际上除非这种行为持续至少 6 个月，否则可能都是暂时性的。如果是这种情况，我们怎么知道接下来会如何发展呢？

虽然表面上看起来可能很恐怖，但孩子的表现对于他的年龄段来说却是完全正常的。不应该仅仅因为一个才 18 或 24 个月大的孩子对每件事都说"不"，就认为这个孩子的叛逆行为是不正常的。我们也不会因为 9 岁的哈里从一个友善的三年级学生，变成偶尔有些好斗和破坏规则的四年级学生（他的所有同学都这样），就说他出现了障碍。如同养育孩子时会遇到的其他困难时期一样，如"糟糕的 2 岁"和"痛苦的青春期"，此时父母要做的可能就是坚持住。

可是如果一个5岁的孩子，像2岁半的孩子那样对每件事都说"不"，那就是另一回事了。同样，让一个12岁的孩子去做让他感觉不大有意思的事情时，他总是发脾气和有一些不成熟的表现也是另外一回事。这种情况下，你必须要检查这个孩子整个童年期的行为模式。有的孩子从很小的时候就表现出困难气质类型的迹象，所以对于孩子的困难气质变成叛逆行为，父母会感到沮丧，却不会那么惊讶。

如果这个行为是以前没有过的，那么你需要考虑，有可能是其他因素引起了孩子的叛逆行为。从青春期、搬家，到父母离异，孩子可能对每个事件都做出"不当行为"这样的反应。叛逆行为可能是他们在表达压力，这种压力是由父亲、母亲或兄弟姐妹生病，或者由于父亲或母亲的出差延期，或者由于家中有新生儿出生引起的。孩子平时脾气温和，但如果长期生病就会让他的行为失衡。同样，假设你女儿以前很配合你，可正在经历的发展过渡期会严重破坏她的合作态度。关键是行为的持续时间。我们发现单一事件的压力会在6个月内自行消解，因此对孩子的新叛逆行为不必过度紧张，除非这个行为延续超过6个月。如果超过了6个月，你就需要确定是否有持续的压力在对他造成影响。如果你了解到，孩子自身或者家庭条件对其情绪有重要影响，比如父母不和、家庭生活方式有重大改变等，那你可能需要带孩子寻求心理辅导。一旦孩子在人格上表现出突然的、根本性的变化，都应该寻求医学帮助，获取专业的建议，参看第三章。

如果你注意到孩子的叛逆行为伴有其他症状，那可能这也会让你想要寻求帮助。有些叛逆儿童同时伴有注意缺陷/多动障碍（attention-deficit / hyperactivity disorder，ADHD，简称"多动症"）。即使你能在本书的帮助下处理孩子的叛逆行为，也需要获得专家对多动症的建议，对此同样见第三章。在第二章你会了解到叛逆行为也会伴随包括抑郁或者甚至是双相障碍这样的问题。在这儿，一样也需要专业的评估。

即使确定了孩子的叛逆行为可能只是在某个发展阶段会出现的问题，是发展过程中必然的黑暗面，或者是一种暂时情况，也请一定通读第四章所列的各项原则，以及第二部分第1—8步骤中的技巧，特别要关注如何加强孩子积极的一面。没有道理让临时冲突造成你和孩子之间永久的裂痕，因此要记住激励孩子要多于惩罚孩子，关注孩子表现出的正常行为，每天与孩子用某种方式共筑一段快乐时光。如果你发现孩子的行为对家庭造成破坏，必须要想办法解决这件事。我们认为，第二部分所示的方案能够让孩子比较顺利地度过叛逆阶段。如果你觉得采取行动能够帮你带来内心的平静，也能还家庭一点点平静，那请尝试此方案。

困难什么时候变成了障碍

假设到目前为止，孩子的行为符合上述叛逆行为的种种，并始终没有减少的趋势，而且你知道孩子的生活里并没有其他外部压力。那么这能表示你的孩子有很严重的问题吗？你需要马上带着孩子去看心理医生、精神科医生或内科医生求得诊断和治疗吗？我看未必。

除非孩子表现出的叛逆行为远远多于其他典型的叛逆儿童，或者孩子有暴力倾向，否则你的孩子可能不需要专业诊断或者专业帮助。除非是严重的情况，比如孩子因为叛逆行为受到了严重伤害，否则给孩子的问题贴上永久标签可能没有任何实际意义。我们都认识一些所谓的"紧张兮兮""苛刻"或"死板"的人。我们可能会觉得他们不太容易相处，但是往往把那些归咎于气质。你完全可以用这样的方式看待孩子的问题。

如果你对于这样的处理感到不太舒服，那么只有一个可靠的办法可以知道困难型气质的孩子和患有心理障碍的孩子之间的区别，那就是让有资质的心理医生或者精神科医生对孩子进行专业评估。如果孩子的问题严重，那这种评估可以鉴别出复杂障碍，如多动症，并且保证在通常伴随着行为障碍一起发生的其他问题上获得必要的治疗。否则，仅靠类似于本书所写的方案进行自助，要改善你和孩子的生活可能有很长一段路要走。虽然事实上，即使是比较严重的情况，我们的自助方案也能颇为有用，但可能要与专业治疗结合起来。

在第二章中我会解释，为什么有时候引起叛逆行为的原因常常会导向非常简单的治疗方案。当将叛逆行为归结为由混乱的家庭教育造成时，是完全不需要用到药物或心理治疗的。本书中的教养方案的主旨要求父母要勤奋，要能够始终坚持用书中推荐的原则和技巧实施教养。

当然，有些父母在得到专家的建议后更倾向于按兵不动。如果你选择这条线路，那么请注意：在专业团体中，对于"如何"和"在什么情况下"把违抗/叛逆行为诊断为障碍是无法达成共识的。心理健康专家所谓的"对立违抗性障碍（oppositional defiant disorder，ODD）"实际上是一系列行为，而且是很难评估的行为。这就是为什么有些科学人士，比如杰尔姆·韦克菲尔德（Jerome Wakefield）博士，他们认为，必须要确定出现了有害的功能不良，行为问题才能诊断成行为障碍或作为障碍进行治疗。有害的功能不良应该在某种程度上被定义为，表现出"内部的正常心理或认知机制发生异常"的情况。换句话说，有人认为只出现问题行为模式是不够的，孩子必须要出现器质上的"病变"，才能把一种行为诊断为障碍或者当作障碍进行治疗。

目前还未发现任何一种会引起叛逆行为的特定生理障碍，但是这也不表示很多心理学家，包括我和我的同事，不去诊治这个问题。叛逆行为可能与其他具有生物学基础的常见行为障碍伴随发生，如多动症或双相情感障碍，甚至一部分症状是由这些障碍引起的。不管孩子的叛逆行为是单独发生，还是与其他障碍混合发生，这个问题都确实给我们带来了太多痛苦，不容我们忽视。

如前所述，对行为进行测量的一个问题在于会牵涉到很多因素。孩子在某个特定时刻的行为，不仅取决于内在因素，如气质、健康状况、脑损伤或功能障碍等，也包括环境中无限多的因素。正如行为心理学家所解释的，另一个复杂的点是，实际上所有行为都可以判定为是正常的。因为行为通常总是相对的，行为的程度决定了孩子的叛逆有多频繁、多持久、多严重，以及是否会干扰孩子在重要生活事件（如学校和社会关系）中的正常功能。

要评估孩子行为的某个方面，其中一个方法是，想象它落在连续体上的某一点。线的一端代表行为程度的最低点，另外一端是最高点，你可以测算出孩子有多么健谈、易怒、害羞、活跃或冲动。根据所有孩子行为的区间范围，知道你孩子的行为在这条线上的位置，你就知道孩子的行为与平均值或正常值之间的差异。心理学家对孩子的评估，本质上就是尝试着确定他的行为在一个叛逆行为连续体上的位置。如果你认为孩子的行为有问题，并需要专业意见，但很可能评估结果是，孩子的叛逆离最高点还差得很远（也可能不是这样的，在后文我们会讨论到其中的原因）。

为了确定一个孩子在叛逆连续体上的位置，科学家们编制了各种各样的评价量表，比如本章开头的那个简单量表。某个孩子必须在为此设计的标准行为评定量表上落在第93百分位数之上，才能被诊断为对立违抗性障碍。落在第84～93百分位数之间的儿童常被诊断为疑似障碍。

有四个标准可以帮助临床医生确定孩子在叛逆连续体上的位置，帮助他们了解孩子叛逆行为的程度，它们是：恒常性、频率和行为的严重程度，以及是否对重大生活内容，如学校、社会关系、家庭功能或适应性自立行为的发展造成损害。可能你已确定了恒常性标准——孩子有至少6个月始终是这样的。如果要测量频率和严重程度，请完成下面的量表。

不同家庭情境下的叛逆行为

如果孩子在下面任何一种情境下违背或对抗你的指令、命令或规则，请圈"是"，然后圈上代表问题严重程度的数字。如果没有违抗，则圈"否"。之后把你圈了"是"的所有答案加在一起，并计算出严重程度平均分。保存好答案以进行后续对比。

情境	是或否		轻度								重度
			1	2	3	4	5	6	7	8	9
独自玩耍	是	否	1	2	3	4	5	6	7	8	9
和别的孩子一起玩儿	是	否	1	2	3	4	5	6	7	8	9
就餐的时候	是	否	1	2	3	4	5	6	7	8	9
穿衣服时	是	否	1	2	3	4	5	6	7	8	9
洗漱和洗澡时	是	否	1	2	3	4	5	6	7	8	9
你打电话的时候	是	否	1	2	3	4	5	6	7	8	9
看电视的时候	是	否	1	2	3	4	5	6	7	8	9
家里有客人的时候	是	否	1	2	3	4	5	6	7	8	9
在拜访别人时	是	否	1	2	3	4	5	6	7	8	9
公共场所（餐馆、商店等）	是	否	1	2	3	4	5	6	7	8	9
爸爸在家时	是	否	1	2	3	4	5	6	7	8	9
被要求做家务时	是	否	1	2	3	4	5	6	7	8	9
被要求做作业时	是	否	1	2	3	4	5	6	7	8	9
睡觉时	是	否	1	2	3	4	5	6	7	8	9
在车里的时候	是	否	1	2	3	4	5	6	7	8	9
跟保姆在一起时	是	否	1	2	3	4	5	6	7	8	9

问题情境的总数：_____　严重程度平均分：_____

对孩子的失望和沮丧有时会让人夸大其词（珍妮跟大人争吵的频率有多高？总是这样），这个表格会让你对孩子的叛逆有一个更加准确的认识。有可能在表中所列的16个情境中，你的孩子实际上只在其中5个情境中表现出不服从的问题。也有可能孩子在大多数情境中都有问题，但是程度又都比较轻。无论你从这个过程中学到什么，你可能会发现，自己面临的问题被分解成了可以应对的片段，而不是那种跟叛逆孩子共同生活时所感到的无限烦恼。这类量表都有一个缺陷，即它们建立在观察者的认知基础上，而观察者的看法并不总是客观的。前面说过，你对孩子不当行为的看法，是受你的期望和你的气质影响的。每周我和同事们都会或多或少遇到一些父母，他们的孩子在叛逆行为连续体上正好处于中间位置。其实，问题只有一个，那就是父母过于关注孩子的适应性及他们自己的教养能力和教养误区，这些误区看似非常正确，但却是基于对孩子和自己不切实际的期望。在使用问卷调查和评定量表的同时，我也经常通过个人访谈来明确这一点。也可以通过观察孩子身边的其他人的感觉跟你是否一样来检验你的感知。邻居、亲戚和朋友会给你反馈，证明以孩子的年龄和性别，他的行为是适宜的还是让人接受不了的？幼儿园老师、保姆或者其他托幼工作人员说过你的孩子比其他孩子难管理吗？如果是这样，你就知道自己的担忧合情合理。如果发现只有你认为孩子不正常，有几个选择：（1）找专业人士寻求帮助，或者我一般会劝你们放心，一切都很好；（2）继续阅读本书，从书的第二部分中选用一些方法。这些方法建立在切实可行的儿童教养原则基础上，对所有的家庭都会有所助益，你会发现，通过制订一个可行的求助计划，如此简单的行动就足以让你平静下来。

我提供的所有工具，包括简短的问卷和访谈型提问、个人资料，以及其他参考资料，都是为了在你因情绪和压力失去理智时，帮你整理思路。希望你能通过用科学的方法对孩子进行评估，获得些许自信。我坚信，没有人能如父母一般了解自己的孩子，所以对于孩子是否有问题，你应该相信自己的初步结论。如果仍然有疑问，请认真考虑孩子的行为造成了什么样的破坏。

什么情况需要采取行动

虽然目前已有很多指标帮你判断孩子是不正常的叛逆还是不听话，但是我可以毫不含糊地说，最重要的指标是其行为对自己和他人造成怎样的影响。如果你对以下两组问题的答案是肯定的，那么学习本书中的方法一定会收获颇丰。

1. 孩子深受叛逆/不服从行为的影响吗？你的儿子是否没有与年龄相当的自我服务能力（清洁、穿衣，诸如此类）？你的女儿是否不能完成与其年龄相应的家务活和家庭作业？孩子是否比别的同龄孩子更难与其他人相处，或是否不能自主地遵守规则？孩子是否与社区里经常接触的大人（比如教练、童子军领导或教师）发生争吵或违拗他们？如果孩子的行为与他的智力水平不相符，那么肯定具有破坏性。

2. 孩子的叛逆行为是否给自己带来情绪困扰，甚至更容易对你或他的兄弟姐妹和同龄人造成伤害？如果孩子在至少2周的时间里，每天总是感觉到明显的愤怒、不快乐或痛苦，你要警惕可能出了问题。你的孩子看起来焦虑、沮丧或孤僻吗？你呢？如果你在每天的"战斗"中迷失了自己的生活，想让孩子屈服于自己的意志，却不断努力，不断徒劳，那么显然有些事情是不对的。你是否感到沮丧，就好像你再也没办法做好任何事情？你是否开始回避与孩子一起互动，在某种程度上放弃亲职责任？你失眠吗？感觉抑郁、愤怒、充满怨恨吗？是时候该解决这个问题了。

还有其他一些迫切的理由，需要你马上采取行动。

1. 现在孩子们的叛逆行为似乎有增多的趋势。这是我同事们的印象，也得到了佛蒙特大学最近一项研究的支持，在这个研究中，该州各地有两代儿童接受了调查。

2. "对立违抗性障碍"是品行障碍最常见的早期发展阶段，品行障碍是一种更为严重的对立行为，通常出现在青少年时期，包括撒谎、打架、偷窃、逃跑和其他形式的反社会行为。

3. 随着时间的推移，对立违抗性障碍会在家庭内部和其他地方引起越来越多的冲突。孩子持续发展的叛逆行为通常会变得更糟糕。如冰川一般，它无情地倾轧着家庭的正常生活，损害家庭和社会关系，伤害父母和孩子的自尊，破坏家庭的祥和与安宁。随着叛逆的继续，家庭冲突和孩子的反社会态度也会继续。反过来，这些也会导致一个恶性循环，就是父母感到无能为力，家庭成员失去对彼此的感情，开始回避共同活动，家庭也会从更大的社会环境中分离出来。当孩子的叛逆行为持续不减时，你最终会感到沮丧、压力过大、士气低落；父母之间经常会出现问题，因为孩子对父母亲中某一方的叛逆行为通常比对另一方要表现得更频繁。最后，当一个叛逆孩子占据了父母的注意力，兄弟姐妹往往会受到父母的冷遇，他们最终会对这个叛逆的孩子和父母充满敌意与怨恨。

4. 父母和孩子之间的冲突会变成根深蒂固的互动模式，并且随着时间的推移越来越糟。在特定的相处过程中，父母亲会发出一个命令或要求，当孩子不服从时，父母会多次重复命令，但没有用。然后父母会威胁孩子，这样的过程通常会进行好几轮。当这种方法也不起作用时，父母要么默许，要么对其施加一些惩罚，在极端的情况下会用武力解决。当然，默许只会强化孩子的行为，等于在教孩子，只要他坚持拒绝服从，就可能逃避任何事情。父母往往也会对这种模式习以为常，以至于当孩子真的配合时，他们往往无法对孩子进行正面的强化，而无意中又进一步告诉孩子，听话是没什么必要的。

5. 尽管随着孩子逐渐长大，很明显有些孩子的问题没有了，但对许多孩子来说，这个问题并没有伴随成长而消失。有证据显示，实际上童年时期的叛逆或攻击行为，可能是儿童行为障碍中最稳固的一种。这预示着干预的必要性。

6. 叛逆行为往往会导致孩子今后的适应问题。固执、脾气暴躁、反抗、争吵、易怒和指责，从4岁到6岁就开始了，最终导致诸如欺凌、偷窃、故意破坏、旷课以及在9岁或10岁时离家出走等破坏性行为。未经治疗的儿童，在青少年时期可能会转向犯罪活动和药物滥用。他们在学业上表现不佳，不被同龄人所接受，然后可能会陷入社会孤立或与其他反社会的儿童交往。他们也比其他人更容易抑郁和自杀。

儿童叛逆行为的普遍性

关于儿童叛逆行为的流行学数据，仅局限于那些有对立违抗性障碍和品行障碍的儿童，而这两种都是美国精神医学学会的《精神障碍诊断与统计手册》（*Diagnostic and Statistical Manual of Mental Disorders*，DSM）上有定义的。该书列出了诊断各种精神障碍的标准，试图规范对成人与儿童造成影响的心理、情感和行为问题的临床诊断过程。可惜的是，由于所进行的研究都是基于不同版本的 DSM，而他们对于对立违抗性障碍和品行障碍的定义都不尽相同。另外，他们也没有研究孩子的同龄群体。因此，数据的差异非常大。也很显然，跟叛逆行为的比率相比，有更多的孩子还没达到被诊断为对立违抗性障碍或品行障碍的程度。

- 多少孩子患有对立违抗性障碍？

据美国精神医学学会报告，美国各地有 2%～16% 的儿童有对立违抗性障碍，而品行障碍也具有同样比例。一项涉及 1096 名年龄在 6—17 岁的儿童和青少年的研究发现，4.9% 的儿童和青少年有对立违抗性障碍。在样本研究中，儿童对立违抗性障碍的患病率似乎在 6% 左右。另一项研究显示，在 931 名 5—14 岁的男孩中，有 3.2% 在学校环境中有对立违抗性障碍表现。这一数字低于父母的报告，因为大多数的叛逆行为都发生在家里而不是学校。一项针对 11 岁孩子的大样本研究发现，有 5.7% 的人有对立违抗性障碍。在青少年中，研究报告显示 1.7%～2.5% 有对立违抗性障碍，明显地表明对立违抗性障碍的患病率随着年龄的增长而下降。

- 男孩比女孩更容易叛逆吗？

是的，绝大多数研究结果给出了肯定答复。上述研究的 11 岁儿童中，男孩与女孩有对立违抗性障碍的比例为 2.2∶1。十几岁的青少年中，男女比例在 2∶1 到 3∶1 之间。

仔细想想，必须承认，孩子将来面临的很多事情都需要某种形式的服从。

想象一下，如果一个孩子因为不听父母的话而没有受过大小便训练，或者孩子在学业上有困难，却不能和父母坐下来，让他们辅导家庭作业和学习，那么他所遇到的困难就可想而知了。如果孩子与所有人都不能友好相处，他将如何适应这个世界？假设，一个孩子被禁止参加童子军活动，禁止进入博物馆，并被踢出小团体，可想而知他的生活将是多么受限啊。

现在，想象一下站在你面前这个敏感易怒的孩子，长大成人，变成了一位成熟、受人爱戴、自信的年轻人。目前一切还不算太晚，但很大程度上取决于你。我将在下一章解释为什么。

概述：问题所在

叛逆是一种令人痛苦的行为问题，它有多种形式，但通常定义为"儿童不能遵守命令和要求、不遵循分配的任务、不遵守明确的已经习得和理解的规则。"它可能让你难以度日，因此当其持续超过 6 个月时，就需要采取一些矫正措施。叛逆与发育阶段或暂时的压力无关，相对比较严重，会妨碍孩子在重要生活、重要活动中的正常功能，并对自己和家人有强烈的负面影响。

通过这章涉及的表格和问卷，你可以很好地了解孩子问题的严重性，并且了解你要采取什么样的行动。孩子的不服从和对抗行为如果落在连续体的最末端，则可以诊断为对立违抗性障碍。即使孩子的问题不那么严重，本书第二部分的家长培训方案，也会让孩子和你的生活从中获益。尽管有些孩子的叛逆行为随着成长消失了，但更多的孩子通常会发展出更严重的所谓"品行障碍"，而当孩子的叛逆行为持续下去，家庭冲突无疑会增加。如果这一章帮助你确定了孩子有明显的行为问题，那么现在你就应该采取行动，为孩子的未来保驾护航，保护家庭和家人的健康和幸福。

第二章

为什么我们家会发生这种事

当孩子的叛逆开始威胁到家庭时,你会轻易地去找个替罪羊。你举手认输,宣布"吉米是个怪物",或者"我是个糟糕的家长"。你问自己"为什么",这种问题可能会给你一些安慰。但如你所知,这是一种短暂的安慰,因为你真正需要的是答案,有了这些答案你可以做得更好。你真正想要的是,确定孩子不是无药可救,而你也不是一个彻底的失败者。

在这一章中,你会找到经过充分论证的答案和大量的论据。我们掌握的有关儿童叛逆行为最重要的基本事实有:(1)它的发展需要一段时间;(2)它是由一系列复杂的原因所引起的。所以,如果你还没有弄清楚你和孩子是如何演变到现在这样的,不要对自己太苛刻。在接下来的几页中,我将我们所掌握的内容分解为易于理解的段落,这样可以帮助你更清楚地了解家里发生的事情。读的时候请记住,我希望你获得清晰的后见之明的目的只有一个:未来可期。

行为从不会无缘无故地发生

10岁的辛迪和妈妈在共度的最后一个小时里高高兴兴地一起制作路线图,他们准备在那天晚上带着路线图去参加辛迪的女童子军集会。当妈妈想帮辛迪在湖边的小路上画上记号时，辛迪突然把笔推到母亲那边，喊道："不要！你总想这么做！"妈妈惊讶地抬头看着辛迪说："怎么了？我们俩都同意一起画所有的图啊。"辛迪的声音更大了："我说不行！"说完她站了起来，怒视着妈妈，狠狠地拍了一下她的胳膊，然后跺着脚走出了房间。

西蒙斯一家正共进晚餐。8岁的萨姆踢了一下午足球，饿坏了，正高兴地狼吞虎咽、大嚼鸡肉，直到妈妈悄悄提醒他，"吃的不会自己长腿跑掉的"，他才放慢了速度。这时，12岁的蒂娜正在边吃饭边给她的父母讲述那天的科学测试；10岁的布莱恩在椅子上前后摇晃着，粗暴地推开食物，大部分东西都落在他腿上或地板上。每次布莱恩弯腰捡起食物，他就抓住机会用胳膊肘捅他弟弟。尽管萨姆越来越恼火地抗议，但爸爸妈妈还是故意无视布莱恩的捣蛋行为。

现在是晚上8点，是9岁的蒂姆平常的就寝时间，"战斗"开始了。像往常一样，蒂姆的妈妈坚定地告诉他关掉电视、刷牙。也和往常一样，蒂姆毫不理睬。她提高了声音，他没有让步。她走过去关掉电视，他又把它打开了。所以就这样，蒂姆妈妈站在儿子和电视中间，她把他整个人拎起来指向浴室，每一分钟口头战斗都在升级，直到晚上9：30，蒂姆眼泪汪汪地躺到床上，妈妈则沮丧地瘫在扶手椅里。

怪不得你想举手投降。当孩子有这样的表现时，你很难从他们的行为中看到理由和规律。为什么辛迪会突然拒绝与妈妈合作，尽管显然她在那个时间点还是很享受这个活动的？为什么布莱恩的表现和他的兄弟姐妹有很大的差异，尽管他们三人的父母都很理智？为什么蒂姆每天晚上都要玩同样的"反就寝"把戏，尽管上床睡觉不容置疑、理由充分？

当孩子的行为与我们的期望背道而驰时，会让人感到困惑。但事实上，我们无法马上理解某个单一事件，并不表示孩子的行为是随机的。任何情况下，孩子表现如何（任何孩子的行为）是许多因素的结果，其中包括孩子的内在性格和气质、孩子以往在家庭中的学习情况，及其当时的直接后果。这些因素在特定情况下产生什么结果，可能永远都无法完全预测，但了解一些有关孩子行为的知识，至少可以让你从完全迷惑的混沌状态中解脱出来。

辛迪妈妈会告诉你，辛迪总是很难控制自己的冲动。当辛迪开始厌倦一个活动，或当她的妈妈尝试以某个方式帮助她时，她都希望活动结束……在其他孩子有可能坚持完成，或接受帮助的事情上，辛迪不愿意。这几年的教育模式让辛迪明白，恳求和争辩并不能让她得到想要的东西，但伸出拳头几乎总是可以打败别人。

布莱恩的行为不同于他的兄弟姐妹，因为他本来就与众不同。他不能安静地坐着坚持听完大人的轻声教导，而萨姆和蒂娜却可以做到。忽视他并不会减少他的错误行为，因为他这样做不是为了引起关注，而是因为没有强烈的愿望改正错误。然而更吸引他的是，他可以逃脱一顿不喜欢的饭，有机会回去玩他钟爱的电子游戏。

至于蒂姆，他当然知道睡觉是不可避免的。他根本不在乎。因为他很难向前看，他唯一的目标就是推迟去做对他没有吸引力的事情。只要推迟了这件事就是他的胜利。

对我来说，这一切说起来都很容易，因为我一直在安全情感距离上（父母亲很少能够拥有）观察这些孩子。如果你能用我看辛迪、布莱恩和蒂姆的方式来看你的孩子，你也会认识到影响孩子行为的各种因素。

1. **首先是孩子的气质和其他性格特点**。对抗行为可分为两部分或两个行为维度。第一个是情绪维度，包括过度的挫折感、愤怒、敌意和急躁，似乎是孩子的气质或性格中所固有的。辛迪非常聪明，但是很易怒、脾气暴躁。布莱恩非常活跃，对那些惹恼他的人（尤其是他的弟弟萨姆，他在那天早些时候弄坏了布莱恩最喜欢的车），他总是心怀怨恨。蒂姆通常很愉快，但他拒绝改变自己的想法，而且似乎没办法跨越当下向前看。

2. **其次是你与孩子的互动史**。叛逆行为的第二个组成部分或维度是指与他人的社会冲突，尤其是父母，特别是母亲。这个组成部分似乎是由于与家庭其他成员，特别是与父母的互动而产生的。随着时间的推移，孩子们在他们的心理档案中收集了大量的信息：能把你逼到什么程度；什么引起了反应，什么没有；表现好他们能得到什么，表现不好他们得到了什么；还有很多很多。尤其是当他们这样做的时候，他们能摆脱、逃离、避免做的是什么，这对于理解他们的行为尤为重要。培养孩子的一个主要目标是让他们的世界变得有意义和可预测。作为父母，你是这个世界的重要组成部分，你如何与孩子交谈，如何对待孩子，都在教他如何对你，就像巴甫洛夫教他的狗一样。有几次，辛迪的母亲因为女儿的武力攻击而感到非常难过，就给了她想要的东西，这足以让辛迪相信，打是行得通的方法。布莱恩知道他可以无情地折磨他的兄弟，因为他的父母相信如果他们一直不理他，他长大就不会这样了。蒂姆知道，如果他继续和妈妈战斗，很长一段时间他都能避免做妈妈要求他做的所有事。

3. **接下来是你的个性**。辛迪的母亲是非常理性并有逻辑的人，她完全被辛迪突然爆发的脾气搞蒙了。布莱恩的父母都很容易兴奋，他们第二个孩子的个性使他们非常痛苦，他们要开始放弃他了。蒂姆与母亲就像豆荚里的两颗豌豆，既僵硬又不成熟。有时，导致亲子冲突的不仅仅是性格。心理障碍，如抑郁症、成人多动症、双相障碍和药物滥用，都会明显地破坏你的教养能力，并让孩子产生高度不稳定的行为。

4. **最后，家庭环境的其他方面**。家庭内外的事件、关系和情境都会影响孩子的行为。辛迪和妈妈都在为一场痛苦的离婚和监护权之战而痛苦。布莱恩的父亲患有严重哮喘，这使得他的父母都很焦虑。蒂姆的母亲正在努力维持收支平衡，因为她需要白天工作、晚上去上学，这让她筋疲力尽。

再看看你的处境：你会如何描述孩子的气质？你能退一步想想，看看她在各种情况下的动机吗？当你要求孩子做某事或停止某件事时，又或者当孩子要求你做某事时，你能辨别出你们两个的行为模式吗？你如何描述自己？你通常是像黄瓜一样冷静，还是像红辣椒一样火爆？你是有圣人的耐心，还是拥有世界上最容易爆发的脾气？你和孩子是完全不同的，还是非常相似？你的余生是平静的还是抓狂的，是可控的还是充满压力的？我们很难清晰地认识自己和我们所爱的人，所以稍后，我提供一些工具来帮你一个个地去探究这些因素。我们所有的人都很难厘清行为中涉及的许多个因素，其原因是它们以复杂的方式相互交织在一起。

每个行为都有正向和负向反馈

不但每个因素都会影响孩子的行为，而且每个因素都会影响其他所有因素，也会受到其他所有因素的影响。孩子的易怒情绪影响你的情绪，你的坏情绪会让孩子更有防御心和反抗精神。健康状况不佳会让你暴躁易怒，这会刺激孩子，激起他与你对立，进而又会给你带来更多的压力，也会使你的健康恶化。你会在各个冲突中看到这种旋转木马式的循环，并且在很长一段时间内都会看到。说说蒂姆的母亲，因为她是家庭唯一的支柱，她感到筋疲力尽，对这个永远难以满足的孩子，她没有精力去控制自己的愤怒。

蒂姆的"难养型人格"最终被诊断为对立违抗性障碍。由于额外的压力和较少的休息，蒂姆的母亲最终患上了慢性头痛。由于疼痛耽误了太多的工作，她失业了，现在陷入了严重的经济困境。这种压力使母亲和蒂姆之间的互动更加恶化，蒂姆还开始犯法了。妈妈本就付不起高高堆起的账单，现在还不得不再付律师费，你可以想象一下母子关系的走向。

你认为是什么引起了孩子的叛逆

许多来咨询的家庭都遇到了这样的难题：孩子脾气大、冲动、活动水平高、注意力时间短。而这些孩子的父母们有很多共同的性格特征，以及相同的婚姻、经济和其他方面的压力，他们不确定遇到叛逆的孩子该怎么做。一旦意识到叛逆行为的原因非常复杂，他们就会迅速找到一个合适的替罪羊来解释这个问题。气质是一种固定的元素，许多生活压力也不受个人控制，因此叛逆真的不能算作任何一个人的"错误"，对吗？

你呢？你认为是什么让你的孩子叛逆？请回答下列问题，如果你和另一半共同生活，让他（她）也独自回答这些问题。

1. 试想你与孩子之间爆发的典型冲突。在这种情况下是什么导致孩子拒绝顺从你的意愿？可能是什么因素在激励孩子？孩子这样做希望逃脱什么？
2. 现在列出你认为可能存在的影响因素：孩子的人格甚至心理障碍，你（和你的配偶）的气质，甚至你的心理障碍，你（和你的配偶）应对孩子的方法（不一致、冷漠、过于情绪化、容易大喊大叫、空洞的威胁等），以及对家庭有影响的事件和环境。
3. 孩子针对你（以及其他可能的人）的叛逆、不服从或对立行为有多久了？什么时候开始成为棘手难题的？

你很可能会发现，在引起叛逆的四项因素中，你和另一方，在每一项上多少都有点问题。即使你在生活上比我咨询过的大多数父母都幸运，也会想进一步探究原因的。记住，随着时间的推移，对于孩子的叛逆行为而言，小问题会累积成大问题。但是一旦你知道了是什么在起作用，你可以试着改变你力所能及的因素，并试着在你控制不了的因素上做些努力。

决定儿童行为的是：生物、环境，还是两者皆有？

当我问家长们，他们觉得是什么导致孩子叛逆时，我得到的答案五花八门。然而，总的来说答案可以分成"先天"或"后天"，他们要么从生物学上说孩子天生就是这样的，要么就归咎于孩子所处的环境。在40%～60%或更多的情况下，叛逆儿童有一些天生的特征，使他们倾向于产生对立行为。但是，如你将要看到的，企图把生物学与环境分离开来，就像是为了看一幅绚丽织锦的设计思路，就要把线头全部拆开。你要了解哪些特征可能会导致孩子的叛逆，这不是为了给孩子贴标签，而是为了更好地理解孩子的动机：是什么促使他这样做？他是怎么想的？不同情境下他会有什么感觉？让他最烦恼的是什么？他的优点是什么？

气质或"人格"

如前面所讨论的，有些孩子一出生就似乎不太安定、有点麻烦，他们的人生从不良的饮食和睡眠习惯开始，有过度活跃和过度敏感的倾向，并且有易怒、情绪化和烦躁的倾向。很多父母证实过，早在婴儿出生后的头6个月里，这些"困难"气质特征就很容易辨认出来。孩子在婴儿时期被过度刺激的时候会哭吗？日常生活中有轻微的改变，是否就会使他在几天甚至几周的时间里脾气很差？他有肠绞痛吗？现在怎么样了？这个孩子过分挑剔、死板、情绪化、容易生气，或者反复无常吗？气质构成了人格的基本组成部分，所以很容易理解，喜怒无常的婴儿或学步儿变成了一个难养型或叛逆的孩子。这构成了对抗行为的第一个成分：孩子的气质，特别是调节情绪的能力。

如行为一样，孩子的气质也可以看作是连续体的某个点。为了确定孩子在连续体上的位置，把你在孩子身上看到的不同问题分为1～10个严重等级（1是没有问题或非常罕见，5是中等程度或经常发生，10是严重或几乎总是这样）。

儿童气质剖面图

冲动控制问题：

1　2　3　4　5　6　7　8　9　10

不管是在后院还是在剧院，孩子是否想说什么就会大声说出来？他是否无论在哪都想要抓住想要的东西，包括有可能会撞到挡在路上的其他孩子？他是否极难以轮流或排队等待的方式拿到自己想要的东西？

专注力问题：

1　2　3　4　5　6　7　8　9　10

孩子在看、听或对周围事物做反应的持续时间比你预期的时间短吗？他容易分心，不能像别的孩子那样坚持做事情吗？

活动水平问题：

1　2　3　4　5　6　7　8　9　10

这个孩子在他应该坐着不动的时候，会扭来扭去、局促不安、起起坐坐、到处跑，或者用一些很过分或与年龄不符的方式移动身体吗？

社会兴趣和反应能力受损：

1　2　3　4　5　6　7　8　9　10

对孩子来说，占有物品比人更重要吗？你的孩子通常无法与他人进行眼神交流，或者无法发起游戏或交谈吗？他不怎么关心自己对别人造成的影响吗？

情绪失控、易激惹：

1　2　3　4　5　6　7　8　9　10

你的孩子是否易受惊吓并且过度敏感，会在最轻微的噪音或触碰，或看到突然的移动或其他视觉刺激时退缩吗？人或事物的刺激会使孩子暴躁或哭泣吗？孩子经常故意戏剧化或无法安抚吗？一旦孩子被激怒，他是否有情绪控制的问题？

睡眠和饮食问题：

1　2　3　4　5　6　7　8　9　10

孩子挑食吗？孩子在婴儿期是否容易得疝气？孩子是否睡眠不规律、入睡困难或者容易醒来？他在婴儿时期睡眠时间很短吗？

如厕问题：

1　2　3　4　5　6　7　8　9　10

孩子抵触如厕训练吗？现在还有尿床或有其他便溺问题吗？

总分 25 分或更高时，表明气质上存在明显问题。如果孩子的总分在这个水平上，那么就不难想象孩子在和他人相处时会出问题了。只有圣人才能不对此感到愤怒吧，比如说一个男孩，只要是他喜欢的事他就要去做，不管在什么环境下都不管别人的感受；他会疯狂地跑来跑去，但却对极为轻微的碰撞或惊吓反应过度；任何一餐他都有可能拒绝吃饭；在他看来，6 岁孩子的最佳入睡时间是凌晨 1 点。如果你是这个孩子的主要照料者，你的任务会非常艰巨：一整天下来需要向他提很多要求，还会接收很多"不"，一直到睡前，你们两个可能都会感到很沮丧。

有些人可能在所有问题上都圈了 8 分、9 分或 10 分。如果不是因为你今天过得特别糟糕，有夸大问题的倾向，那么你可能就得看看孩子是否患有多动症或者儿童双相情感障碍（躁狂-抑郁症）了。如果你怀疑孩子是多动症或双相情感障碍，那你可能需要专业评估（见第三章）。如果你没有在以上列表中找出孩子身上出现的个性问题，那你可能也要寻求专业帮助，希望排除掉其他心理或精神疾病的遗传倾向。首先，请翻到第 31—32 页填写"个性特征剖面图"，它可能会证明你的反应有点过激了。

后面的章节将会更详细地讨论气质如何通过行为表现出来。现在，要知道这些特质不仅会影响孩子的行为，也会影响他的想法和感受。一个有冲动控制问题的孩子有可能表现出自私、专横、粗鲁等特点，但实际上他并没有停下来思考他现在要做的事情会带来什么后果。在注意力持久方面有问题的孩子比一般的孩子更需要兴奋和刺激，而高活动水平的孩子会因为静坐和保持安静而感到自己受到严重的限制。不参加与年龄相符的社交活动的孩子不会受控于标准化的行为准则，也不会在意他的行为对他人造成怎样的影响。易怒或情绪化的孩子遇到很小的障碍就怒不可遏，对一件小事也会像世界末日来临一样，并且可能会以消极的态度对待生活，甚至不像个孩子。就我所知，很多儿童想在此时、此地得到自己想要的东西，这种渴望十分强烈，也是他们叛逆的驱动力。正如此前本章出现的蒂姆，许多家长对这样的事情感到困惑：孩子知道睡觉时间、吃饭时间、家庭作业是不可避免的，但他们还是日复一日地对抗。叛逆的儿童通常不会像别人那样在时间轴上向前或向后看。睡觉的时间是不可避免的，但这无所谓；重要的是能在此刻逃避它。

身体、心理与成熟

高度紧张、敏感易怒、难以相处或高需求，这些特征会使孩子随时随地表现出叛逆、不听话，甚至是非常粗鲁无礼。不幸的是，孩子的其他性格特征，虽然会以比较曲折的方式，但最终也还是会导致叛逆行为。孩子的智力或发育迟缓吗？他是否有健康问题或慢性疾病？有身体残疾吗？不幸的事实是：第一次遇到与自己完全不同的人，儿童常常刻薄且残酷无情。

如果孩子不能像别人那样做游戏，或者他有语言障碍、社交上很退缩，或者容易触犯他人（言语上和身体上），因此被辱骂或者嘲笑，遭受反复的同伴骚扰，那么对于他变得易怒、防御、甚至是敌对就不用感到惊讶了。孩子从同伴那里得到的最重要的负面反馈是，如果某种身心障碍使他不能理解大人的要求或不知道怎么服从大人，或者没办法自我控制，那他就会处于不利的境地。

你的孩子如何？有这样的障碍需要克服吗？列出孩子在下面几个方面上存在的问题，并评估他们的严重程度。

健康问题

1　2　3　4　5　6　7　8　9　10

生理或动作障碍

1　2　3　4　5　6　7　8　9　10

发育迟缓

1　2　3　4　5　6　7　8　9　10

父母和孩子是一个模子刻出来的吗

丹无目的地问了一句："你今天过得怎么样？"妻子桑迪痛苦地回答说："太可怕了，本没办法安静地坐着，他都坐不到完成一个家庭作业的时间，更不用说三个了。如果没有马上得到答案，他就把责任推到我身上，开始乱扔铅笔。他对我给的每一个小建议都提出质疑，有点像个魔鬼代言人。后来，他终于完成了作业，他并没有为自己的成果感到骄傲，反而告诉我，既然是因为我的错，他才把户外活动时间用在了作业上，那他今晚就没有时间帮忙洗碗了。"丹自己忙了一天，筋疲力尽，他只能厉声说道："他当然是那样——他跟你一样。"

这可能是丹说过的最难听的话，但不能否认这是实话。桑迪和本在性情上非常像，尽管他们经常吵架，双方都否认他们之间有任何相似之处。大人的性格会导致孩子的叛逆，而相似的气质或性格特征只是其中一种方式。（另外，要注意：这种"一个模子刻出来"的相似性，会对桑迪和丹的婚姻关系产生负面影响，如我们所见，这种关系会反过来加剧本的叛逆行为。）

有其母必有其子

如果孩子遗传了暴脾气或者刚才讨论过的任何一种性格特征，你认为他是从哪里继承的？大多是从你或你的配偶那儿继承的。我在临床中经常看到这样的情况，假设你是母亲和主要照料者，你的儿子是不听话的孩子，如果你们两个真的很像，那么你的火暴脾气肯定会引发你儿子的叛逆行为，他也是暴躁性子。我们容易用"以牙还牙"的方式对别人，就是他怎么对我，我就怎么对他，这不足为奇。或者，你很冲动，这会导致你和孩子说话、行动前不经大脑思考，意味着你在与他相处时可能会经常冲动、任性、前后不一致。长期以来，人们一直认为未知性会引起所有年幼生物，包括人类和动物的多重焦虑，而这种焦虑往往会引发易怒和叛逆的反应。你们性情上的相似性可能呈现出很多形态，而你自己的问题越严重，就越有可能造成孩子的叛逆。

"这是我的孩子吗"

当然反过来也是有可能的，就是说你和孩子差异太大，完全不知道该怎么管孩子。你沉默、冷静、不慌不忙、从容淡定，孩子却大喊大叫、容易激动、冲动、容易沮丧。不管我们多么开明豁达，我们也会对别人的思考和行动抱有一定的期望，尤其是我们的孩子。极端不适宜的行为和态度总让人忍无可忍，难怪我们反应过火。

拟合度良好

这些加起来可能就是一种"别人家"有的品质。这种品质可称为看护者和孩子之间的"拟合度良好",这表示你要注意到自己的脾气与孩子的是相互吻合还是相互背离,这样你就知道哪里可能会出现冲突。用下面的量表评估可能会造成你在管教孩子上有困难的个人问题,这个量表与之前你为孩子做评估的量表相似。如果愿意冒"结果不怎么愉快"的风险,请邀请你的配偶或者某位近亲一起来评估你。

个性特征剖面图

健康问题:

1   2   3   4   5   6   7   8   9   10

生理问题:

1   2   3   4   5   6   7   8   9   10

情感问题:

1   2   3   4   5   6   7   8   9   10

思维问题:

1   2   3   4   5   6   7   8   9   10

注意力持久性问题:

1   2   3   4   5   6   7   8   9   10

活动水平问题：

1 2 3 4 5 6 7 8 9 10

冲动控制问题：

1 2 3 4 5 6 7 8 9 10

情绪化问题：

1 2 3 4 5 6 7 8 9 10

进餐问题：

1 2 3 4 5 6 7 8 9 10

睡眠问题：

1 2 3 4 5 6 7 8 9 10

在上述问题中得分越高越会让父母在孩子的养育方面感到越困难，但是把这些分数与孩子的量表分数相比会更有启发。要特别注意你在自己身上发现的问题，包括冲动控制、注意力持续性、快速并持续情绪化的倾向以及活动水平等方面的问题。在治疗师的帮助下，许多成年人发现自己患有多动症。这不仅仅是高度遗传性的问题，因为孩子可能也患有多动症，同时它还会给父母的养育带来更多的挑战。如果你自己有多动症，你就很难对孩子专注、冷静、保持一致性。有些父母曾经有严重的抑郁或焦虑，也许是因为自己的原生家庭也有这种遗传。两种情况都很可能对父母的养育造成影响，特别是要养育本来就很难应付的孩子。在你尝试使用本书第二部分的策略帮助孩子时，或者在那之前，你可能需要寻求额外帮助来解决这些心理问题。

亲子关系：寄予厚望

正如我在这个部分里一直所述的，你和孩子打交道的方式，其呈现模式很大部分往往是孩子和你的个性特征的产物。到目前为止，你掌握了一些亲子知识，应该可以比较容易理解某些经典冲突了。如果孩子非常活跃、对触摸过于敏感，那么这个3岁的孩子不喜欢洗澡也就不足为奇了。如果你的脾气暴躁易怒，那么孩子强烈抵抗不洗澡，直到把你气到打他屁股，这有什么可惊讶的？这种不太好的拟合度会让每个人都感觉受到严重冒犯，但这必然会切断亲子关系吗？一定会让孩子拒绝你的一切要求并且日复一日地浪费时间做无望的抗争吗？

不一定。遭到破坏的亲子互动构成了叛逆行为的第二个部分，这种亲子互动会变相地教孩子利用自己的情绪强迫别人按自己的意愿行事。这些亲子互动会导致叛逆，孩子在其中学到的经验所造成的结果是：这种亲子之间反复以同样的消极模式互动，这时叛逆行为也会有增无减，孩子和父母从中学会的都是破坏性经验。换句话说，这是长时间的过程。其发展过程如下。

1. **你用错误的关注无意中鼓励了孩子的对抗行为。**当孩子发脾气或故意违抗命令时，你很难不被他惹火。但是，虽然简单地忽略问题对大多数叛逆的孩子来说没什么用，但如果孩子的真实目的是打断你做事情、让你全身心关注他，或者让你注意到他，那关注他也一样没用。无奈的是，关键是要知道孩子在寻求什么，而理解这一点在一定程度上取决于对孩子性格的了解。有些孩子会故意捣蛋引你注意；而另一些孩子捣蛋是因为可以推迟不开心的事情发生，或为了达成自己的愿望，忽视会被解读成是对他们行为的默许。如果你给孩子想要的东西，或者让孩子逃避不想要的东西，那么可以预期，未来孩子的叛逆行为会反复重演。

2. **对孩子采取不一致的方法**，就是在刺激孩子去寻求可预测性，这表示有可能孩子会用不良表现来获取负面反馈。当规则每天都在发生变化，那很自然地，孩子们会习惯性地通过反抗来不断地测试父母的权威。所以，即使你觉得这很奇怪，但如果你儿子觉得他可以通过拒绝服从来引起你可预测的愤怒反应，那他很可能会定期向你挑衅。

有多少人敢说，我们从来没有犯过这样的错误：偶尔会奖励那些通常会受惩罚的坏行为？想象一下，你在一个杂货店里，小苏西求你给她买一根棒棒糖。一般情况下你会冷静而坚决地拒绝，如果她发脾气，你就会悄悄地把她带出商店，回到家用"计时隔离"作为惩罚。如果你始终如一地遵循这一模式，那苏西就会发现，发脾气不会给她带来棒棒糖。但是如果苏西本来就是一个高紧张度、高需求的孩子，而且每过一段时间，你就会这样回应她"好吧好吧，我们今天就别丢人现眼了。"苏西知道，有时候发脾气，能让你给她买块糖果。对于大多数孩子来说，"有时"是在鼓励他们每次都试试发脾气，就像鼓励赌徒们一次又一次地把他们的钱砸下去一样，他们会得到周期性回报。

3. **让孩子知道你的爆发点，其实是在让不良行为越来越糟**。在像棒棒糖这样的场景中，孩子不仅知道发脾气有时有用，还知道，当甜言蜜语不管用时，发脾气却管用。所以下次当她想要棒棒糖，并且在第一次提出要求时被拒绝了，那她会跳过全部类似于"求求你了，求求你了"这样的办法，直接发脾气。有意思的是，这个学习过程对父母一样有效。随着时间的推移，父母和孩子都明白了，他们越快愤怒和咆哮，就能越快得到他们想要的东西——父母得到服从或孩子暂缓执行命令。当这一过程持续数月之久，就会导致双方的对峙，最终父母用武力对孩子施暴，孩子则破坏物品，攻击父母，屏气发作到脸色发青，用头撞击地板或墙壁，或者用其他方式伤害自己。这就是说"不"是如何在个别家庭中升级成暴力的。

就目前我们对问题成因的所有讨论，可以看到这三种机制经常相互重叠并相互交织。乱发脾气能让家长投降，但是面对孩子的请求，家长却不肯让步，这是一种不一致的反应模式。也就是在用积极的事物奖励消极的行为。按照孩子的心理状态，你的行为根本就不合情理。因此，孩子做出不理智的反应似乎也就不奇怪了。

既然你已经了解有些反应会驱动孩子与父母对抗，请检查一下你和孩子之间的互动吧。

当你给孩子提要求时会发生什么

安迪 9 岁，泰雷尔 8 岁，两人非常相似，他们都好争吵、固执死板，而且易怒。

凯打算让安迪把垃圾带出去，这是他周四晚上固定的家务活，就在这之前，她来到安迪打电子游戏的地方，提醒他自己会在 5 分钟之内再过来让他把垃圾带出去，而且会暂停他的游戏。她知道，如果不给他这个"限时"警告，直接让他倒垃圾，他就会开始抱怨、发牢骚。5 分钟的时间结束后，她平静地站起来，暂停了他的电子游戏，她一边温柔地把他带进厨房，一边解释说他可以在 15 分钟内回来打游戏。在安迪收拾垃圾时，凯微笑着谢谢他；当他做完时，她亲吻他的脸颊，并告诉他，他帮了个大忙。安迪连跑带跳地穿过前厅继续打游戏去了。

塞利娅让泰雷尔关掉电视，过来摆好桌子，准备吃饭。他回答说："等一下，妈妈，节目快结束了！"塞利娅没有离开厨房，她重复了三次要求，每次都更大声。泰雷尔继续无视她。她提高话音，他调大电视音量。最后，塞利娅走进起居室，说："孩子，如果你不马上去厨房摆好桌子，那晚饭后你就没有电视看了，明天也是！"泰雷尔喊道："这不公平！"他站起来踢沙发底座。

"住手！"妈妈斥责道，"你把我的新沙发上弄得到处都是刮痕！"

"我才不管呢！"泰雷尔喊道，"你不公平！"

"泰雷尔，现在就进厨房把桌子摆好，否则你爸爸回来你就有大麻烦了！"

泰雷尔回去看电视,电视里正在播片尾的滚动字幕。"看看你都干了什么!你害我错过了大结局!"他大叫一声,然后拿起遥控器,扔到墙上,砸碎了。他怒气冲冲地跑出房间时,塞利娅深吸了一口气,走进厨房收拾盘子、银器,摆上桌子。

这两个场景中发生的事情对于理解叛逆是很重要的,但是下次这些请求提出时发生的事情才更重要。安迪知道妈妈会在需要做家务活时,提前几分钟提醒他,同时他意识到把垃圾拿出去不会花很长时间,而且会让妈妈高兴,所以他会毫无怨言地做这件事。而泰雷尔,下次妈妈再叫他摆好桌子时,他就会跳过所有的争吵过程,直接打碎一个糖果盘。

在不同情景中,母亲和儿子都在交流过程中学到了一些东西,然后他们将这些东西应用到下一个类似的情况里。安迪学到,妈妈不允许他拖延,而且他会因为做家务活得到妈妈的赞许。妈妈凯学到,沉着冷静的态度和真诚的表扬使她在儿子身上得到想要的结果。如果和心理学家说这件事,他会告诉你这种学习叫作正强化。泰雷尔学到的是,他可以轻易地把妈妈搪塞过去,如果他想逃避摆放餐桌这件事,只要一点点愤怒加暴力就可以达到目的。心理学家称之为负强化。这对塞利娅的影响则是,她对泰雷尔新的破坏倾向感到厌烦,她决定"以其人之道还治其人之身"。当泰雷尔打碎了塞利娅的水晶糖果盘,她就抓起旁边的一个玩具——泰雷尔最喜欢的遥控汽车,把它摔坏。泰雷尔最后还是摆了餐桌,而塞利娅总结道:要求和威胁没有用,如果想要泰雷尔做什么事,最好的办法就是打击报复他。

要在现实生活中认识到这些错误,或从类似境遇中吸取教训并不容易,因为叛逆行为的升级——你还记得缓慢而具有毁灭性的冰川吗——是逐渐上升的。但是回顾过去,你一定会发现,过去你与孩子之间的冲突爆发成战争,并没有像现在这样迅速。原因和后果即使正在发生也难以判定,因为它们不是沿着一条不间断的直线发生的。泰雷尔总是试图用极端方法来逃避家务,但他也不一定每天都逃避摆餐桌。如之前提到的赌徒效应,即使让他偶尔逃避成功,也能加强其对抗策略的价值，他便会因此变得更加叛逆。如果你退回去看你与叛逆孩子的互动模式，可能会发现它常常遵循图2.1中所示的顺序。

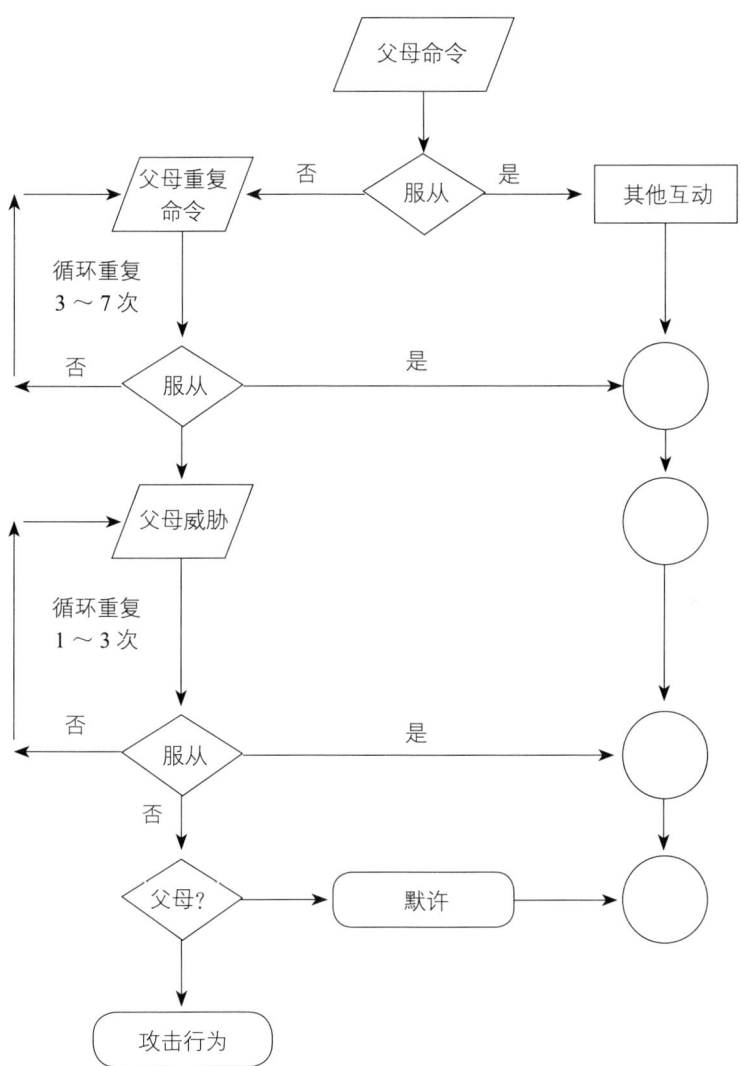

图 2.1　发出命令时父母与叛逆儿童之间的典型互动顺序。

怎样让孩子服从你说的"不可以"

孩子也会抓住你的其他软肋。假设你的孩子 3 岁,当你走在超市过道上时,她把货品从货架上拽下来。你多次命令她不要再那样,结果这个小女孩现在正在冷冻食品区大发脾气。十几双自以为是的眼睛在暗暗地藐视你,谴责无能的父母。所以你做了唯一能想到的事情,你把孩子抱起来,走到冰激凌柜前,拿起一根冰棒,把它塞进孩子脏兮兮的小手上,对她说:"嗯,这个冰激凌看起来不错吧,宝贝?快点吃吧!"猜猜以后在杂货店等待你的是什么吧。

当孩子想从你这里要点什么时他会怎么做

在孩子有要求的时候,不一致性也不利于亲子关系。假设现在是放学后的晚上,你女儿想晚睡一个小时熬夜看新年电视特别节目。你一开始说"不",但她会哼哼唧唧地抱怨,直到她把你折磨妥协了。一周后,她要求类似的放松时间时,对你唠叨了整整 20 分钟,你既惊讶又愤怒,但你仍然不肯让步,然后她就拒绝吻你、不说晚安。可是,你惊讶什么呢?上一周,她成功地用消极行为获得了心理学家所说的正向结果,可以确定的是,她会再试一次,一次又一次!

怎样奖励孩子的良好行为

接下来看看你对孩子积极行为的反应。这么说吧,不管出于什么原因,妈妈第一次让泰雷尔摆桌子的时候,他还会乖乖地从电视机前的座位上站起来,虽然以前他没有这样做过。当他走向厨房经过塞利娅时,她连讽带刺地说:"好吧,你什么时候决定要表现得这么好了?"泰雷尔没有得到任何感谢,也没有赞许,他做这件事没有得到任何积极的东西,只有刻薄的讽刺。他以后再这样做的可能性有多大?或者让我们想象一下:泰雷尔的顺从让塞利娅惊着了，她都忘了给予关注，她害怕如果说句什么会给自己带来"厄运"，会让泰雷尔又开始表现不好。有些父母发现，如果把留意到好行为当成大事儿，那么孩子似乎就会很在乎父母的关注，他们会尽其所能来留住父母的关注，不排除通过重新出现不良行为来获得关注，因此父母也就宁可不理会了。他们只是不想自找麻烦。在这里，泰雷尔的良好行为没有得到强化，因此他不太可能把好行为转化为一种常态。

对父母来说，忽视叛逆儿童是不太可取的生活态度。他们不敢承认孩子的良好行为，而不良行为已经耗尽自己的资源，所以他们开始把自己和孩子的行为隔离开来。他们甚至会减少对孩子的要求，或者减少他们监督孩子或与孩子互动的频率。当然，孩子们通常会把"忽视"当成默许，然后继续做他们想做的事情，或者出现一些对抗行为，而原本的叛逆行为则会变得更糟。因为和孩子共处的乐趣越来越少，家长们开始避免本来可能十分有益的亲子活动。就这样，父母和孩子之间的纽带开始瓦解。此外，年龄较大的儿童开始出现严重的品行障碍，包括盗窃和蓄意破坏等隐蔽性的犯罪活动，以及诸如身体攻击之类的公开犯罪行为。

前面的例子中所描述的父母行为和反应，并不一定会在他们的孩子身上产生叛逆问题。对于孩子，我们每个人每天都会犯错误，事实上，他们并不一定是不可挽回的。但是，一种错误模式，加上一个脾气不好的孩子和一个与孩子相处不好的家长，当这些都凑在一起，就会发现，孩子出现对立违抗性障碍的所有因素都齐了。现在，让我们把一个更重要的因素加入进来：许多家庭面临着持续不断的压力。

孩子的成长环境：生活中的其他情况如何

家庭环境中的其他因素，包括生活上的各种失败，同样会间接地导致孩子的叛逆行为。这些因素包括父母或其他家庭成员的个人问题、健康问题、财务问题、婚姻关系、就业问题，以及其与亲戚、朋友和家庭里其他孩子的关系问题。任何这些方面的压力都会对父母产生不利影响，它们会通过改变父母对待孩子的行为，从而间接导致儿童的叛逆行为。如果孩子见证了这些问题，或者孩子本身就是这些问题的一部分，那么压力也会直接影响到孩子。孩子增多的叛逆行为可能会与这些压力源（比如婚姻关系）形成交互影响。所有这些压力因素都是通过干扰教养方式来造成叛逆行为的，结果父母无意间造成了孩子与自己的对抗。请参考下面的例子。

- **婚姻关系**。研究表明，单亲妈妈，特别是社会关系疏离的单亲妈妈，她们的儿女最有攻击性的可能。单亲父母常常因承担抚养孩子的全部重担而疲惫不堪。他们可能也会因为分居、离婚或被遗弃而感到内疚，因此在对孩子执行纪律时没有达到应有的一致性。单亲妈妈也往往没法像父亲那样对儿子树立起权威形象，因此，当家里没有男性时，儿子会更加考验母亲。夫妻不和是另一常见问题。如我前面解释的，父母（通常是母亲）对孩子负有主要责任，自然而然就会对孩子提出更多的要求，因此也就有可能引起孩子最大的反抗。聪明的孩子可以通过让父母互相攻击来暗暗操纵他们，通过叛逆行为制造婚姻冲突。或者，由于与孩子在一起的时间不同，在有关孩子的问题的严重性和处理方式上，父亲和母亲可能会存在分歧。此外，已有的夫妻分歧本身也会造成压力，他们更有可能暴躁易怒、不一致、忽视孩子的叛逆，而这又会增加孩子的叛逆行为，进而会使婚姻冲突恶化。

- **个人问题和健康问题**。斯坦恩的糖尿病控制得时好时坏。当他血糖不正常时，情绪也会随之波动，因此他对儿子罗伊的耐心也随之变化。罗伊已被确诊患有多动症和对立违抗性障碍。当罗伊表现不好时，斯坦恩就会喝很多酒，以此应付罗伊的破坏行为，这会让他的糖尿病更严重。因此这个恶性循环会继续下去。

- **经济和职业问题**。玛丽亚非常担心家庭财务状况，所以她找了第二份工作。

这意味着 11 岁的皮洛尔要独自一人在家直到深夜。母亲回家的时候已经筋疲力尽而且脾气暴躁，她对女儿絮絮叨叨时，女儿就会大声反驳。皮洛尔没办法穿得像学校里别的女孩那么漂亮，她不知道怎么解决这个压力，最近她开始念叨头痛，看似她脾气更急躁了。

- **与他人的关系**。格里感觉很孤单。尽管她的两个兄弟和两个姐妹都在当地，但他们都有自己的家庭，而她几乎没人陪伴，那是因为只要她女儿莉莉参加了大家的聚会，就会让每个人都很难受。她大女儿茱莉亚对母亲和家庭生活的变化（似乎是莉莉引起的）感到非常不满，她尽可能多地在朋友家里待着。莉莉的学习成绩直线下降，在格里与莉莉的最后一场激烈斗争中，莉莉把母亲气得说不出话来，因为她大喊："你根本不管我怎么了，茱莉亚已经很讨厌我了！"

家庭内外的压力也以另一种方式影响了孩子的叛逆行为，这种方式是引起父母对儿童期常见的错误行为反应过度。父母不得不直接咨询专业人士，确保孩子没有任何问题。但也可能会让他们把孩子看成是病人或坏孩子，降低孩子的自尊，使孩子出现叛逆表现，主动应验父母对他们的评判。

孩子变成这样不是你一个人的问题，命运有时候很难改变。然而如果你不知道孩子的生活环境中有哪些因素导致了他们的叛逆行为，你就不可能有解决问题的机会。填写下面的表格，找到孩子生活中的压力因素。

家庭问题剖面图

描述你在以下每个方面发觉的问题，以及它们对孩子和你的行为造成的影响。

1. 家庭健康问题：_____
_____
_____

2. 婚姻问题：_____
_____
_____

3. 经济问题：_____
_____
_____

4. 家里其他孩子的行为问题：_____
_____
_____

5. 职业和就业问题：_____
_____
_____

6. 亲戚及配偶家人的问题：_____
_____
_____

7. 朋友的问题：_____
_____
_____

8. 其他压力源（宗教、在家庭娱乐活动上的分歧、药物和酒精滥用等）：____
_____
_____

我希望你现在能更加理解是什么导致了儿童的叛逆，以及是什么导致了你孩子的叛逆行为。把复杂的情况分解成简单的几个部分，分别记录你对每个部分的观察结果，有时这种简单操作可以帮你形成更合理的整体认识，这就像在拼图游戏中找到所有的边角，然后在拼合之前把碎片按颜色分组。

我也希望你能明白，你和孩子之间的大部分冲突都源自某些性格特点，自然你们两人都会觉得对方的这些性格特点很烦人。但孩子不应该因为脾气而受到指责，你也不会因为自己的脾气而受到责怪。不过你们之间的互动方式以及性情的相互作用，可能为孩子叛逆行为的滋生提供了土壤。这些因素带来的后果会因家庭环境中的压力而变得更糟。通过确定这四个影响因素通过何种途径造成了孩子的叛逆行为，你可以识别出哪些冲突是不可避免的，你要将之减到最少，并在力所及的地方（很多）做出改变。下一章，你将用自己在问题成因上获得的新知识开始解决问题。

回顾：问题成因

虽然其他问题或障碍也可能与叛逆行为有关，如发育迟缓和多动症，但一般认为与叛逆行为相关的四个影响因素是（1）儿童的气质及其他个性特征；（2）亲子之间常发生的互动方式；（3）父母的人格；（4）家庭环境中的压力。每个因素之间都会相互作用，实际上儿童行为与父母行为交互影响是十分常见的，久而久之使冲突不断升级，使孩子的叛逆和亲子关系不断恶化。

本章的调查问卷将帮你找出你和孩子之间主要的相似点和不同点（两者都会引发恼人的冲突），让你把握每个人的特征，也能让你们的拟合度变好。如果你以前没有这样做过，那请你好好观察一下孩子生活中的家庭问题和其他压力，你就会重新理解为什么你和孩子的行为方式都是一模一样的。也许最重要的是，你要意识到你可能会无意间通过与孩子的互动方式激发了孩子的叛逆行为，这才是你可以控制的部分。

第三章

我该怎样做

现在你对叛逆有了进一步了解，那么以下哪一种说法最能反映你的感受？
- "我松了一口气！我相信我们能做些改变，事情会好转的。"
- "现在我真的很担心，我儿子似乎比书里写到的孩子的问题都严重。"
- "我仍然不知道是什么导致我女儿的行为，也不知道该怎么做。"
- "我感觉非常孤单。靠我自己怎么能处理这个复杂的问题呢？"
- "现在我确信我儿子没有什么问题，全都是我们造成的。如果我们是问题的根源，我们怎么才能想到解决问题的办法呢？"

从现在起该何去何从，归结为一句话：你现在是否比刚打开这本书时感到更加自信和充满希望。如果是这样，你可以直接阅读本章的下半部分了，去了解如何借助本书的第二部分，利用目前收集到的信息，建立一份自助计划。但是，如果你对自己独立解决问题的能力有任何疑问，请不要犹豫，从本章前半部分的描述中寻找帮助和指导。当然，如果你最近越来越担心孩子可能患有多动症或其他需要专业治疗的障碍，那就请你安排好让孩子接受治疗师的评估。我会讲到这个过程的具体细节，这样你就可以做好准备并知悉详情。

无论你寻求什么帮助或支持，请分享书中的这个方法。不管心理专家推荐什么治疗方法，这里所描述的儿童管教技巧可以适应各种用来帮助孩子的方法。如果你在寻求（或创建）一个家长支持团体，那么分享在本书中学到的操作方法会是很不错的建议。

我需要多少帮助

假如上一页的陈述中除了第一项以外的所有说法你都认同，那你可能真得寻求外界帮助才行。如果你现在确信孩子的叛逆行为很严重，请找有资质的专业人士给出评估、诊断和治疗建议。如果你仍然很难理出引起孩子问题的各种可能成因，那么专业评估会对这个问题进行更加详细的研究，会引导你得出更确定的结论，即使最终结论仍是孩子不需要专业治疗。如果你确认自己的内心认同最后两项陈述中的任一个，那么各种形式的援助都可能是有益的。参加一个临床治疗导向的个体或团体的家长培训项目，可能会带给你必要的持续援助和信心。如果总体上你是个自我激励的人，那么在这种情况下你仍然需要一臂之力，需要一些团体的支持。有关查找或创建类似团体的建议，请参考本章的"来自朋友的一点帮助"一节和本书最后附的一些资源。

担心孩子有严重问题的父母，不愿意再浪费更多的时间，只想马上获得帮助，所以下面紧接着的就是取得专业评估的信息。

专业评估

如果孩子表现出暴力或者严重叛逆，严重到有可能是品行障碍，那么请不要在没有接受过专业指导的情况下直接从本书第二部分开始学起。

满足以下条件，可以考虑对孩子进行专业评估：

- 在第二章（第26—27页）的"儿童气质剖面图"中，你的孩子得了30分或更高分。
- 孩子有暴力倾向。
- 在与孩子不太愉快的相处过程中，你感觉失去了自我控制，或者担心孩子有被他人虐待的风险。
- 孩子表现出多动症的迹象，包括注意力不集中、冲动行为、多动、自控能力差等方面的明显问题。

满足以下条件，请考虑进行专业评估或者咨询家庭或婚姻治疗师：

- 你在第二章（第31—32页）的"个性特征剖面图"中得了30分或更高分。
- 在第二章（第41—42页）的"家庭问题剖面图"中，你已发现了明显的个人问题，而且你认为这些问题严重干扰了你对孩子的管教，或者干扰了你在重要生活活动中的适应能力。

如何找到合适的专业人士

儿童心理学家或精神病学家可能是最熟悉叛逆行为，也最熟悉对立违抗性障碍、品行障碍和其他行为障碍诊断方法的人。但是最好是从孩子的儿科医生开始。孩子的医生会首先排除生理原因，然后再推荐你去其他地方。这个医生也最有可能熟知该区域有资质的专业人士。尽管如此，从多种渠道获得推荐人总没坏处，包括孩子的老师、学校的心理医生或指导顾问、家庭医生、你认识的社会工作者、精神卫生组织在当地的分会或你所在地区的支持团体。当一个名字反复出现的时候，那个人就是你要打电话预约的人了。如果名单上的人名各不相同，试着打电话给其中几个办公室，感受一下这个诊所的风格，并收集评估咨询过程的初步信息。你可能会发现，你挺容易就能找出愿意深入交谈的对象。如果你像现在的许多人一样，参加了管理式医疗保险项目，那你必须按照项目要求来寻找推荐人。任何类型的保险项目，都要注意心理健康服务的援助可能是十分有限的。为避免意外情况，如果你对保险范围有任何疑问，请提前打电话咨询。

不要低估找到一个被你信任、使你自信、让你感觉良好的专业人士的重要性，这种匹配度常常是个体问题，但总的来说，我发现父母能从具有以下特征的治疗师那里获得最多帮助。

- **他们温和地推动父母采取行动**。任何一个治疗师若因表现出过度的对抗态度而让你很快地开始防御，或者好像把孩子的所有问题都归罪于你，那他们只会让你对所有的治疗建议产生抵触情绪。另一个极端是，一个治疗师只描述枯燥的临床知识，可能无法在父母心痛时给他们提供必要的鼓励，促使他们采取行动。在与治疗师的初次会面结束后，如果你离开他的办公室时，感到精力充沛、很受鼓舞，那就是走运了；如果没有，那你可能得试试另一位治疗师了。

- **他们认可你的能力**。在我三十多年的临床实践中，父母们经常在走进我办公室时士气低落，因为他们没能正确地养育孩子，在我调动他们行动之前，我需要恢复他们的自信。记住，虽然最近你和孩子有冲突，但你才是孩子的养育专家，你已经掌握很多管理孩子的知识了。如果没有持续把这些知识运用到实践中，那无疑是因为愤怒、沮丧和绝望让你偏离了轨道。专业人士的最大价值之一就是，提醒你——你拥有的工具和知识只是放进了临时存储空间。

- **他们的话通俗易懂**。一些专业人士似乎认为，如果他们不能肆意使用"大而华丽"的辞藻，那你的钱就花得不值。另一些人则害怕说简单的话会让人听起来像在跟你聊天。但最好的治疗师不需要用专业术语来表达观点。如果除了技术术语别无他法，那他们也会给出技术定义或者会问你有没有不懂的。

- **他们会解释建议你使用某些方法的原因**。假如你虽然知道怎么做加减法，但在存款或取款时不知道该用哪个，你觉得自己能平衡好开支吗？我发现，如果父母不知道为什么要使用某个管教方法，也就是不知道这些方法背后的概念和原则是什么，就始终无法恰当地使用这些方法，也常常无法坚持使用这些方法直到对孩子的行为产生影响。要当心那些只给你一串指令、期待你盲目服从的治疗师。作为这个过程的主导者，你要有能力将治疗师教给你的技巧进行改造和重塑，让它们在你的具体环境中和在你面对的具体情况中生效。

- **他们会同情你的处境并承认你取得的成绩。**坚持使用任何方法都是需要付出努力的，本书第二部分的方法或其他管教儿童的培训计划中的方法都是如此。如果没有一点鼓励，第二章中强调的"一致性"是很难做到的。因此要找到一位治疗师，他要理解你所面临的挑战、承认你正在做的努力，他要提醒你取得大幅进步主要是你的功劳，而不是治疗师本人。

很明显，假如你找到一位具有以上所有特质的治疗师，你也不一定能马上意识到，但第一次会面通常可以判断你是否找到了一位基本能让你信任的人。随着时间的推移，当你要求明确信息或调整合作关系时，好的治疗师总是会对此有所反应。

如何为评估做好准备

我指导过的诊所和其他许多诊所都会给前来做咨询的父母一大袋子问卷，要求父母和老师都要填写，这是标准做法。这让治疗师有机会在预约会面之前审查很多重要信息，并且节省很多宝贵的面谈时间。除了记录孩子的医疗和发育史，一般还有行为评定量表，如第一章和第二章所述，但通常更详细。家长可能得填写一份表格，回答孩子在特定家庭情境下的行为，老师则会得到一份针对学校情况的表格。在填写这类表格时，请记住，提供信息的目的是让治疗师为改善孩子的行为提供最好的建议。治疗师并不是想暗暗地评估你，而是需要尽可能多地了解你的家庭环境，因为这对于理解孩子的问题非常重要。许多心理学家发现在可行的情况下，与孩子的老师交谈和填写学校量表都是很有帮助的。你不需要安排这样的会谈，治疗师会做这个，但是要经过你的许可。

你也可以通过预约之前花时间所搜集到的信息，帮助评估顺利迅速地完成。坐下来，准备几张纸，回答下面的问题。如果你在第一章和第二章填写了表格，那么你已经记录了其中的一些信息；如果你愿意，可以参考这些表格来节省时间。你也要尽可能地坦诚。隐瞒让你感到尴尬的信息只会妨碍治疗师，损坏评估的准确性。

1. 你主要担心孩子的什么行为？把第一页纸分成家庭、学校、社区和同伴等部分，并在每个标题下简短地描述让你警惕的具体行为——因为它们对于孩子的年龄而言可能显得极端或不适宜，也可能是出于其他原因。
2. 在另一张纸上，写下这些标题：健康、智力或心理发展、运动发展和协调性、感官问题、学业能力、焦虑或恐惧、抑郁、对他人的攻击性、过度活跃、注意力不集中，以及反社会行为。列出你在每个方面看到的问题。不要担心与第一页有重复的内容；将你的想法重新组织到新的类别中，这样可以对评估过程中有所帮助。
3. 如果可能的话和孩子的老师谈谈，并制作一张类似的问题清单，列出孩子在学校出现的问题。
4. 在最后一张单子上，写上这些标题：个人问题、婚姻问题、财务问题、亲属问题、工作问题、兄弟姐妹的问题和个人健康问题。在这些标题下，列出除了孩子之外的所有家庭问题。把这些单子保存起来，预约会面时随身带着。

最后，对以下要求做好心理准备：

- 允许治疗师拿到之前孩子做的各种评估报告。

- 允许治疗师联系孩子的医生，以获取孩子健康方面的信息。
- 孩子最新的教育评估结果（或你安排孩子现在做一个）。
- 允许治疗师从与孩子有关的社会服务机构获取信息。

对面谈有什么期待

预约面谈时要问清楚会面的时长。但是一般来说，面对面评估需要 2～4 小时，包括和父母约谈、和孩子约谈，以及对孩子的测试，这些测试都是基于面谈前的问卷调查发现有必要做的测试（比如在过去的两三年，孩子都没做过智力测试的话，会让孩子做一个，看看孩子的一般智力是否发展正常；或者让孩子做某方面的学习技能测试，如阅读、数学或拼写，孩子在这些方面成绩落后，表明他有学习障碍）。也可能会要求你完成另外一些关于孩子行为与发展以及关于你自己的调查问卷。

当然，评估的主要目的是确定孩子是否患有对立违抗性障碍、多动症或其他心理障碍。但这也是你与治疗师开始建立关系（也是孩子与治疗师建立关系）的地方，你可能会与其合作好几个月。因此，重点是你要抓住机会表达你心中所有的忧虑，不要退缩，建立起开放的氛围，向治疗师表示你欢迎知识和引导。不要忘记使用之前整理过的清单来提醒自己求得答案。

如果父母双方都与孩子一起生活，那么双方一起参加访谈是很重要的，即使你们两个可能对这个问题有不同的看法。治疗师可能不会要求家里的其他孩子参加。叛逆孩子是否出席父母访谈，将由治疗师和家长共同决定。除非你对孩子在场感到不舒服，不然孩子一般可以参加父母访谈。大一点的孩子一般待在候诊室，那里有玩具可以玩。

面谈过程中，治疗师将谈及本书中已经讨论过的各个方面：你对孩子的担心，你在家里和其他地方观察到的孩子的具体问题，父母如何应对孩子，家庭问题可能会对孩子产生的影响等等。治疗师可以通过询问各方面的问题来收集信息，比如，大家一起参加的亲子互动、孩子独自玩耍、和其他人一起玩耍、吃饭、穿衣、洗澡、做家务、做作业、睡觉、看电视、家里有客人、让孩子和保姆在一起等。一旦你表示哪里有问题，就会被问到如下更加具体的问题。

1. 在你担忧的情景中，孩子做了什么？
2. 你的反应可能是什么？
3. 孩子会怎样回应你呢？
4. 如果问题还在继续，你下一步要做什么？
5. 这种情况的结果是什么？
6. 在这种情景下，出现这些问题的频率是多少？
7. 你觉得这些问题怎么样？
8. 用1（没有问题）到9（严重）的数字来表示，这个问题对你来说有多严重？

通过使用这种方法，治疗师可以了解你和孩子的互动方式，以及当下的行为问题对你和孩子会产生怎样的影响。

治疗师是否会对孩子进行访谈以及访谈能达到什么程度，取决于孩子的年龄和智力。无论孩子的年龄如何，如果你提前告诉孩子要干什么，可能会使每个人都放轻松。治疗师的第一个问题一般是问孩子是否知道自己为什么会在这间办公室，还会问孩子对自己行为的看法和感受。其他的问题将围绕孩子喜欢做的事情（兴趣爱好、体育运动等），孩子希望看到的家庭或学校发生的变化，以及孩子对其他孩子看待自己的方式有什么感受来进行。有些治疗师会用给句子"填空"的方式引出比较翔实的回答。

根据孩子的成熟度和心智能力的不同，治疗师会对孩子在办公室里的表现给予较多或较少的权重。大多数9岁以下的儿童在报告自己的行为时，会不太准确、不够可靠。如果你的孩子在治疗师的办公室里跟在其他地方表现得不一样（通常更好），不必感到惊讶。治疗师可以预料这一点，并且不会因为这样而低估孩子的问题。

很有可能在孩子接受访谈时，治疗师还会要求你填写一些关于你自己的心理状态、个人问题等的调查问卷。为避免父母觉得不舒服，大多数治疗师不会把这些问卷放在会面之前发给父母的文件袋里。你的治疗师可能会在办公室里解释，这些信息是为了全面了解孩子的环境和问题产生的背景，不是为了暗地里地对你进行道德评估或对你这个人进行评价。请对这个过程保持开放心态。

治疗师会发现什么

为了根据所收集到所有信息得出结论，治疗师会参考美国精神医学学会的《精神障碍诊断与统计手册》（第五版）。但这些一成不变的标准是不够的。心理和精神障碍的诊断，尤其是行为问题，需要艺术和科学。在评估孩子时，治疗师需要考虑到有关孩子的信息来源是有偏见的（毕竟，这些信息来源只有人而已）。

除了对孩子行为问题的诊断，评估还应显示孩子是否有其他障碍，如多动症、双相情感障碍（躁郁症）或学习障碍。确定所谓的共病（同时发生）障碍对于制定有效的治疗方案是很重要的。

由此我们发现了孩子和家庭的心理优点和弱点。在这里，你提供的所有信息——关于你自己、孩子的另一位家长、孩子的兄弟姐妹以及家庭环境中的其他元素，都发挥了作用。每个人的心理和情感能力、持续的压力源和力量来源，以及其他因素将决定什么样的治疗是最有希望的。

那么治疗会是怎样的呢？有很多可能性。如果，尽管孩子有叛逆行为但整个家庭的功能都很好，那么治疗师可能会安排一个单独的疗程，关于对立违抗性障碍提供简单的家长咨询。在连续体的另一个极端是这样的孩子：叛逆行为及其造成的损害有必要进行入院治疗。大多数情况下，综合干预是最好的方法。其中一个例子便是，针对多动症进行药物治疗或课堂行为干预，同时结合针对父母的儿童管教方法培训和针对儿童的社会技能训练。如果这听起来好像有点可怕，那请记得叛逆行为的原因有多么复杂。除非这个问题在所有出现问题的环境中都得到了解决，比如家庭、学校和孩子的社交场所，而且所有的问题成因都能纳入进来，否则治疗很可能会失败。为了确保你和孩子能够迎接挑战，治疗师会建议让你先恢复元气，然后鼓舞士气、强化信心，最后才开始解决困难。

来自朋友的一点帮助

当你实践本书第二部分的技巧或其他技巧时，你所参与的团体中的成员可能会成为最有助于你的同盟，虽然刚开始的时候你们可能完全是陌生人。我和同事在第二部分会用个体和团体两种形式讲授这个方案。我们是否推荐团体训练，很大程度上取决于父母的性格和喜好。有些人天生就能从与他人共同学习的友情和支持中获益；有些人，如果很害羞、容易害怕或是独行侠，则和治疗师单独做训练会更好。我相信，这个方案对于自我援助非常有用，这也是我写这本书的原因。但不可否认的是，与其他父母分享主意和解决方法，可以达到"三个臭皮匠顶个诸葛亮"的效果。例如，翻到第二部分的第6步。当在公共场所而没有办法现场执行"计时隔离"惩罚时，有一对夫妇的做法是，让孩子带着一张"隔离椅子"的照片。这对很多父母来说都是有效的，所以我把它融入到了父母的训练中。

如果你在某个团体中付出了很大的努力，也学到了很多知识，可能就会想要找找有没有由治疗师引导的家长培训计划。你总是可以使用本书作为强化和参考。你还可以联系所在地区的专业人士——儿科医生、心理医生、精神病学家或学校心理咨询师，让他们来推荐。可行的培训会因地点不同而有所不同，所以你必须询问家附近的人。

假使你不需要参加培训团体，非正式的支持团体也可能会有助于你。可惜的是，没有专门针对叛逆儿童父母的团体组织。你最好的选择是联系儿童和成人注意缺陷/多动障碍（Children and Adults with Attention Deficit / Hyperactivity Disorder，CHADD；参见本书附的资源）的美国国家办公室，因为很多儿童同时患有对立违抗性障碍和多动症。一旦找到了当地最近的团体，你可以参加一次聚会，看看是否适合自己的需要。另外，可以考虑问问儿科医生或其他心理健康专家。你也可以联系当地的医院或心理健康专家，看看是否有个别团体可以参加，或者想办法找到有兴趣的父母组成一个团体。

你需要多少支持，也取决于问题的严重程度和性质。孩子的攻击性怎样？你觉得他是不顺从而不是对抗吗？也就是说，你的问题主要是想让约翰尼不再无视你提的要求，比如"现在就把你的床整理好"，还是你现在主要要处理的是，当要求约翰尼做他不喜欢的事情时他的大喊大叫和拳打脚踢，又或者是他无缘无故对人有敌意？显然，后一种行为让父母更恼火，如果你符合这种类型，就非常适合参加训练团体，在那里你可以稍微发泄一下，听听别人的说法（可能会更糟糕！）。其他压力源呢？如果你是单亲或有婚姻问题，在家里就没法获得有效的成人支持，那么团体对你是有好处的。同样，如你有健康、工作或经济问题，更有可能因为孩子的行为而感到挫败，团体成员的共情和清晰的思维也会对你有帮助。

如果你确实找到或创建了家长团体，那就分享一下此方案中的操作方法和你在本书中发现的其他有用的东西。不过，要小心不要给人这样的印象：你在用这个方案创建自己的治疗团体。只有资质合格、有执照的专业人士才能领导这样的团体。本书中我无法提供用于小组交流的内容，但我可以提供许多父母们贡献给我的以及他们之间互相分享的智慧。

第二部分中会有一些鼓舞人心的案例，你将看到父母们如何创造性地灵活运用我和同事们所教的原则和技巧。

争取老师的帮助

为孩子寻求帮助时，不要忘记孩子的老师也可以帮忙。如前所述，孩子的老师能为孩子在学校的行为问题提供不同的思考角度。但是不要忘记，老师也可能对孩子的长处有独特的看法。许多孩子会在学校里展示自己的才华和技能，但却很少或从未在家里展示过，这让他们的父母很讶异。当你与孩子的老师交谈时，既要问消极表现也要问积极表现。

在请求老师帮助的同时，也要表达你愿意帮助老师的意愿。现在的教师工作常常困难重重，但如果是很好的老师，当了解到你和他们在一起努力时，会非常愿意多付出一些努力帮助孩子克服困难。你要在心里默默想想，在家里可以做些什么来帮助孩子改善课堂行为。第二部分中第7步的每日行为报告卡是家校合作的很好例子，它可以产生非常巨大的交互作用。

换个相反的思路说，如果你觉得没有从学校得到应得的帮助，那你需要知道自己拥有的联邦合法权利，特别是假如你的孩子患有多动症、学习障碍，或者其他经专业诊断的心理疾病。患有多动症或其他障碍，并且学校表现受到严重影响的儿童，有权享受正式的特殊教育服务；对于多动症儿童来说，这些权利可能属于《教育法案》(*Individuals with Disabilities in Education Act*, 1990) 中残障人群的其他健康受损类别。他们还拥有 1973 年《康复法案》(*Rehabilitation Act*) 第 504 条或比较新的《美国残疾人法》(*Americans with Disabilities Act*, 1990) 的法律权利。要了解更多细节，请与你的律师联系，或查阅由乔治·杜保罗（George DuPaul）和加里·斯托纳（Gary Stoner）所著的佳作《学校里的多动症》(*ADHD in the School*)（参见本书最后参考资料中的建议阅读部分）。

父母的重要作用

现在，你已经知道要在哪里得到帮助以应对孩子的叛逆行为了。你能为此做些什么呢？解决任何问题的第一个决定性环节，是知道你能改变什么、不能改变什么。孩子的和你自己的气质就属于"掌控不了"的范畴。然而，这并不表示在孩子叛逆行为上可以简单地忽略这些因素。有时候，如果孩子患有精神障碍或你自己有心理问题，那么药物治疗可以充分地改变情绪障碍或多动症的症状，这样就不太会导致叛逆行为和社会冲突。还要注意气质、个性或明显的心理障碍这些因素，比如孩子的冲动或多动症，你自己的抑郁和倔强。有的行为源于这些因素：孩子抢了别人的玩具，你不肯鼓励孩子遵守规则。你要做的就是尽力去区分孩子（和你自己的）天生的特质和被这些特质影响的行为。你的任务是，不忽略孩子的内在天性对其行为的指引，同时找到在不同的方向上引导孩子行为的方法。

"当凯文看一眼数学作业，却没法一眼算出来时"，母亲格蕾丝说，"他跳过了怒火中烧这一环节，而是直接全面爆发：扔掉铅笔，撕碎了作业纸，愤怒中他抓住订书机朝窗户扔过去，这个时候窗户是关着的。这让我立刻火冒三丈，还没了解事情的经过我就冲进他的房间，威胁要取消他的所有特权。有一次我没控制住自己打了他一巴掌。现在我知道我们有共同的问题，我们好像没法像别人那样拥有某种'断路器'，可以阻止自己对一些小挫折反应过火。当我看到凯文因为一个简单的数学题发脾气，在他的房间里翻天搅地的时候，我看到的却是自己。我也深知我们俩看起来有多傻。我毕竟是成年人，如果我不能控制自己，又怎么能指望他呢？我们都在努力。"

凯文和格蕾丝知道不必浪费时间让自己成为不同的人。相反，他们正在努力搞清楚脾气是怎么让他们越来越糟的，也在搞清楚当脾气爆发时如何踩住刹车。这就涉及了叛逆行为主要成因中的两个。那孩子生活着的整体环境呢？许多人会说，他们对自己的生活状况无能为力。他们深陷于一份压力满满或没有前途的工作中；婚姻有好有坏；晚上睡上一觉，财务状况也不太可能在醒来时就变好了。只有你自己能判断有没有能力改变所发现的家庭问题。很多人会说没办法。然而我所咨询的大多数家庭都发现，只要简单地列出会影响孩子行为的所有环境条件，就可以找到一两处在某种程度上可以改变的地方。回顾一下你的"家庭问题剖面图"，尽最大的努力找出可能做出改变的地方。

"老兄，当凯文为家庭作业发脾气时，我改变了我的反应，我觉得我完全掌控住了局面，"格蕾丝说，"起初，他突然化身为小天使。然后，就在我以为他准备好自己回去写作业的那一刻，他再一次大发雷霆。最后，我意识到他狡猾的小脑袋里一定在想别的事情。是什么使他又发了一次火？好吧，这个'作业火'正发在我要回去干自己事情的一刹，这提醒了我。因为我在攻读硕士学位，凯文特别讨厌我现在回家要专心完成我自己的作业。他爸爸经常指责我是一个糟糕的妈妈，难怪凯文会这样反应。我在脑海里回想了很多，我想出的这个解决方案似乎有点帮助：放学后，在我做自己的作业时，我会请邻居帮忙照看凯文，其实大部分时间里，凯文是在户外跟小伙伴一起。所以晚上的时间我就可以陪他。肯没有特别在意这项花费。但我现在还是要回去上学，这样我可以在凯文长大一点之后找一份体面的工作，改善我们的财务状况。现在很有趣的是，我非常确定我做的是对的，所以我对肯的批评不怎么介意。我知道他最近非常担心钱的问题。所以当他生气的时候，我不会紧张，凯文也就不会紧张了。"

我并没有说要把问题简单化；这个家庭没有在一夜之间做出永远的改变。问题的关键是，格蕾丝通过观察儿子和丈夫的动机而不仅仅是他们的行为，来解决她的问题，她找出什么是可以改变的，什么是不可能的。她也开始看到，每个家庭成员的行为如何像弹珠一样互相反弹，如何用这个道理开始稳扎稳打、连胜不败，而不是让她的家庭自生自灭。

格蕾丝的故事缺少的是这个家庭一天天做出改变的细节，每次迈进一小步，都能在生活的各个方面改善凯文的行为。作业不是他唯一的问题，同样，我相信这也不是你家叛逆孩子的唯一问题。凯文对朋友专横跋扈，在学校里不受控制，在睡觉时间、家务时间和洗澡时间里都很难对付……你能想象出来吧。

要逆转凯文的行为所造成的这种亲子关系不断恶化的恶性循环，需要父母付出很大的心力去解决。他们必须针对凯文的叛逆行为建立起一套一致性的回应方式。他们必须预见到问题，并随时准备好对凯文的行为所带来的后果进行回应。他们不能再过度依赖于惩罚，要开始利用激励法促使凯文好的行为的出现。当某种良好的行为出现时，他们要以极大的关注去回应这种行为。因为凯文的大部分问题都和他母亲有关，所以格蕾丝不得不带头进行这些改变。但是如果没有肯的支持，进展会十分缓慢。

父母与孩子之间形成的互动习惯很难被打破。经过一段时间的培养后，我们对待彼此的方式成为一种行为本能，十分顽固。这就是为什么我要编写一套清晰的方案帮你在正确的轨道上保持前进。在这本书的第二部分，你会看到里面规定了一系列可信赖的操作原则，请把它们当作亲子关系的基本原则，而具体步骤会让你做出持续的改变，恢复你们本应该拥有的亲密关系。

为什么当孩子的行为让大家感到难受时，要把这一切都归咎于你？因为最可能控制孩子行为的因素存在于孩子所生活的环境中，而孩子生活的环境有很大一部分与你有关。你完全可以控制的一个因素是你自己的行为。这就是为什么第二部分的操作方法聚焦在改变你和孩子的互动方式上。不是因为你的行为方式是导致孩子叛逆行为的最主要因素，而是因为它是最容易改变的。你有能力获得改变，我希望你能对此立即开始行动。孩子的叛逆行为一旦延续到青春期便很难改变了，所以儿童管理项目是为2—12岁的孩子设计的。

萨姆：一个成功案例

从出生第一天起，萨姆就是一个难养的孩子。其实他的问题比大多数的孩子都要多。我以他的故事为例来说明，即使孩子有严重问题，本书第二部分的方法也会有所助益。

出生后的萨姆被带进了母亲病房，他在第一时间里就表现出脾气古怪、喜怒无常、躁动不安、难以安抚，这一切预示着照看他的过程将充满挑战。他的父母——洛伊丝和理查德，不知道萨姆的喜怒无常、易怒和暴躁从何而来，因为他们的第一个孩子苏珊，在萨姆出生时她4岁，一直是个模范孩子。萨姆绝对是个睡眠不好的婴儿，他无论是在夜晚还是白天都会随时醒来，很少能连续睡上几个小时，醒来时常常又哭又闹。儿科医生在诊断后，给萨姆开了豆奶配方，希望能解决一些易激惹的问题，但收效甚微。洛伊丝和理查德几乎没办法让萨姆平静下来。有时带他一起散步就可以，有时候开车带他兜风好像也管用，但是无论如何在萨姆1岁半以前，他的性情和高需求严重影响了这个家庭的生活。

萨姆开始学走路时情况变得更糟了。他参与到每件事、每个危险中，也包括触碰到各种生活用品，他需要被不间断地看管。沮丧时，萨姆常以愤怒和眼泪做出强烈反应。凡事只要拒绝他，他都会迅速回击。他最喜欢用"不"来回应父母的指令。4岁时，萨姆在邻居中和日托游戏小组中出了名。他对同伴专横跋扈、咄咄逼人，要求别人按他的方式或意愿行事，完全不愿意分享和合作，萨姆很快就被幼儿园的小朋友们排斥，他们怎么都不肯和他一起玩儿了。

洛伊丝在当地一家心理诊所给萨姆做了评估，萨姆被诊断为患有多动症和对立违抗性障碍。因为他年龄太小不能接受药物治疗，所以诊所要求他的家人阅读几本关于儿童管理的书籍。但萨姆的父母还没来得及开始用统一方法管理萨姆，就分居了。理查德是一位教师，他搬到了邻近的城镇。他们离婚时被判对孩子有共同监护权，洛伊丝的公寓是孩子们的主要居所。

离婚似乎让萨姆的情况变得更糟。他变得更加反叛、固执己见，他和母亲吵架，对姐姐有身体攻击，有时会趁她不注意时用玩具打她，在家里有争执时则会对她拳打脚踢。

与此同时，洛伊丝和理查德的关系越来越差，几乎每次交换孩子探视权的时候，他们都会在孩子面前争吵起来。洛伊丝一天到晚都会接到理查德的骚扰电话，换个未注册的电话号码也没用。因为一旦理查德发现这个号码时，洛伊丝又会经常接到打通就挂断的骚扰电话了。频繁的电话干扰了洛伊丝晚上的睡眠，也影响了她白天的活动。洛伊丝失业了，只好去领取救助金。

到萨姆5岁的时候，洛伊丝几乎每周都要被他幼儿园的老师叫去学校，因为他在教室里举止不合规矩、有攻击行为，也有违抗行为。萨姆在推搡其他孩子的时候并没有什么理由，而且只要别人做了他不喜欢的事情，他就会在操场上打人。因为萨姆被孩子们组织的游戏排除在外，所以他会突然冲进去，扰乱游戏，挑衅其他孩子，或者破坏孩子们一起做的事情，所有这些都进一步让他必定成为被排斥者。有一次，萨姆用铅笔捅了另一个孩子的后背，结果学校将他停课一周，并要求他家人带那个孩子去医院缝合伤口和注射破伤风针。学校决定为萨姆的班级雇用一位助教，只负责协助教师管理萨姆和保护其他孩子。爸爸对萨姆的探视期可以使洛伊丝得到短暂的解脱，这期间她不需要去管理、监督和规范他的行为。

但在萨姆回到家的第一天，一般从到家后的几分钟内，萨姆就开始比平常更有破坏性、挑衅和攻击性。萨姆也开始攻击妈妈，他说见面的时候爸爸会说洛伊丝的问题。萨姆吐露说，爸爸劝他不要听妈妈的话，让他告诉妈妈他想和爸爸住在一起。原因显而易见。在爸爸的探视期里，萨姆享受的是国王般的待遇，在他们一起度过的几天里，理查德带着萨姆去看电影、买新玩具、在萨姆最喜欢的快餐店吃东西，而且对他的行为限制很少。在爸爸的家里没有上床睡觉时间，只要愿意他可以随时从厨房拿想吃的东西，只要他觉得无聊了，爸爸总是带着他去打球、去公园，或者当地的购物中心。同时，萨姆被爸爸灌输,妈妈有多傻多笨,是一个很糟糕的母亲,他应该过来跟爸爸一起住。

对洛伊丝来说,家里的生活压力越来越大。和萨姆谈话和讲道理都没什么用。他经常在一天里重复同样的错误行为。洛伊丝试图奖励他的好行为,但她似乎并没有一直这么做。越来越沮丧的她会退回到自己的卧室,让孩子们看电视或自娱自乐,只有当他们之间发生战争时才会冒险出去。在她的抑郁症期和回避萨姆的过程中,不时穿插着他们之间激烈的争论和对萨姆的严厉体罚。

洛伊丝需要快速的帮助,既为她自己,也为需要学习如何与萨姆相处,否则她很可能要把孩子的监护权转让给前夫了。她的女儿苏珊在朋友家待的时间越来越多,就是为了躲避家里的混乱和敌对氛围。

一切都分崩离析,洛伊丝不知道该怎么办。她再次来到了萨姆看病的心理诊所,在那里参加了一个家长培训班,她学习使用本书中阐述的方法,还接受了一些短期的心理治疗来治疗她的抑郁症。萨姆现在年龄长大了一些,可以服用多动症药物了,这极大地改善了他的高度活动性、冲动和分心行为。洛伊丝正在学习如何更加高效和有效能地管理孩子的行为,所有的情况都开始让他们的家庭生活回到正确的道路上。

通过律师,她可以安排在一个中立的会面场所进行孩子看护权交换,可以请一位社工在场,以最大限度地减少双方的敌对情绪,这种敌对情绪已经逐渐成为每隔一月的探视过程中的一大特色。在洛伊丝父母所拥有的一幢联排别墅旁边,父母为她租了房租便宜的房子,还可以在看护孩子和其他方面给予帮助,萨姆可以上一所新学校,在新的同伴团体中他可能会有个全新的开始。洛伊丝还换了一个新的未公开号码,避开理查德的骚扰。萨姆开始上全日制学校后,洛伊丝找到了一份兼职工作,做牙医诊所接待员,这样她可以有机会与其他人交往,也能更好地养活自己和孩子,提升自信。洛伊丝和她家人的生活终于开始好转了。

写在阅读开始之前

萨姆的案例不是一个侥幸成功的案例。第二部分所述的项目，能明显地改善孩子的叛逆、对抗和不服从行为，去过我诊所的家庭里中高达80%的比例获得了改善。而且对于认真努力做出改变的父母而言，这一比例还要高得多。为了你家庭的未来，我希望你在以后的几个月里继续努力。

下面是项目中可能影响成功与否的因素。

1. 填写一份个人健康量表。这个领域没有人做太多的研究，但是个人的观察告诉我，慢性健康问题会影响你改变管理孩子方式的有效性。这就像开汽车，你只有两个气缸，根本就没有能力再加油了，这是常识。因此如果你有久治不愈的慢性健康问题，或者你没注意到的持续性心理问题，那从现在开始，不要再耽搁，马上就医。

2. 你的婚姻状况如何？叛逆儿童通常与父亲或母亲（主要看护人）有比较严重的问题，而婚姻的裂缝会扩大这一裂痕，对每个人都不利。况且你还需要配偶支持你使用儿童管理技术保证它能有效。如果你和配偶的关系有问题，那在不考虑其他因素的情况下，仅仅是为了孩子而合作，你能不能迈出第一步去治愈这种裂痕？和配偶谈谈，首先迈出一步表示和解，努力让事情缓和下来或者考虑咨询。

3. 如果你是单亲妈妈，那就好好看看你的社会支持系统吧。如果要负的责任让你远离了社会，那么是时候伸出双手了。我知道你没有多少时间，但如果你让自己重新建立起友谊和亲密关系，你就会为自己能在孩子身上投入更多的新能量而感到吃惊。有没有邻居可以请来帮忙，或者有没有亲戚可以邀请过来玩（或请过来照看孩子）。你可以给周围同龄的家长们组织一个非正式的每周茶话会，或者在市政中心加入一个更正式的支持性或社会性的团体，这不是自私的要求，这些都有利于你对孩子的管理。

4. 不要忽视自己的情绪或精神压力。一开始可能是普通的紧张、不安或孤独感,后来也许就会变成阻碍型抑郁或焦虑。如果你经常感到焦虑或抑郁,就去寻求帮助,这样你才可能帮助孩子。

5. 对孩子的能力要现实一点。拥有 2 岁及 2 岁以上智力和语言水平的孩子,可以成功地对第二部分中的这些技术做出反应,但是不能超出孩子的能力范围去督促他。如果你知道孩子什么时候能理解,他理解了多少,那么你已经比别人更具优势了。你的步调取决于孩子能理解多少。

6. 请注意,许多父母在实施了这个项目后,往往会倒退回去求助于惩罚技术。可惜的是,破坏性行为比非破坏性行为更引人注意,当它需要关注时,它会自动引起大多数成年人的控制性或惩罚性反应。每当你注意到孩子的行为在变差,就检查一下自己的行为。如果你已陷入对惩罚的过度依赖,重读第四章的原则,激励自己重新重视积极的一面。你也可以做个日志,在一周左右的时间里记录下孩子的行为细节,然后分析这些信息,看看有什么地方出了问题(参见第二部分的第 8 步)。

我要不断强调正面管教的力量,因为正面管教才会有持久的改变,因为正面管教一切才有可能开始。

在进入第四章之前,请花点时间列出孩子的积极性格特质。你最喜欢孩子的什么?别人觉得你的孩子有什么吸引力吗?孩子最喜欢自己的哪方面?(如果你不知道,就问问!)回想你为孩子感到骄傲的成就,你觉得特别亲密的事情,那些你们一起大笑、一起玩耍的瞬间。孩子有什么方面独具魅力?孩子的老师跟你表达过孩子有什么积极的性格特征?有时候从老师们的角度,可以看到你也许没有注意到的积极方面。如果他们报告的都是负面的事情,那也要请他们说说孩子的积极方面。

现在列出孩子喜欢的东西:最喜欢的食物、参与的活动、梦寐以求的事情。孩子有什么爱好吗?女儿经常恳求你停车买冰激凌吃吗?儿子是否会省下每一分钱来购买 iTunes*、音乐唱片或上网本和 iPad** 上的游戏？如果你要送给孩子一个礼物，孩子更喜欢要实体书店还是网上书店的礼品券？孩子想要畅销的音乐会门票还是他自己选的电影票？他更喜欢独自一人做事，比如宅在家里做手工或模型装备，还是用计算机上网？他喜欢社交活动吗，比如邀请几个朋友到家里来住，或者出去打保龄球、滑旱冰？

　　这些清单是很有用的工具。它们提醒你可以鼓励孩子什么行为，能为孩子的成功提供什么样的激励。更重要的是，它们会让你聚焦在潜伏于破坏行为背后的独特人格，孩子需要你的关注，值得你的赞许，他们给你的回报将无与伦比。

回顾：解决办法

　　基于在第一章和第二章中积累的对孩子和家庭的认识，你已经可以有理有据地做出决定和采取一系列行动了。如果孩子的问题比较严重，如果你发现了多种问题成因，或者你仍然不确定问题的程度，都要去寻求专业评估。知道自己该怎样期待，将会简化这个过程，并确保从咨询专家那里得到最多的信息。根据你的个人情况，抓住任何让你和孩子获得帮助的机会。即使你选择不去见咨询师也不要错过从学校或支持性团体中获得援助的机会。对于问题行为不论在哪儿求援，都要记住：学习管理孩子的叛逆行为，你自己才是最重要的资源。照顾好自己，并提醒自己孩子身上的积极部分，做好准备、开始采用第二部分中的项目。剩下的只是履行对孩子的承诺了。

---

* 　苹果公司提供的免费应用软件。——译者注

** 　苹果公司的平板电脑。——译者注

第四章

至理箴言：良好行为的基础

当我们理解事情是怎样运转的，我们就拥有了各种各样的可能性。我们可以汇总自己在规律、公理、法则和定理上的知识，并应用这些规律来使用、操纵或改变世界的某个方面。如果没有牛顿的运动定律，我们可能无法让汽车动起来，或者向太空发射火箭。如果没有欧几里得的几何公理，我们的建筑可能会倒塌，火车会脱轨。如果没有本章的原则，改善孩子行为的机会就不会有预想的那么好。

如果马上开始操作第二部分的项目，你会收获很多，但那样你就会错过一个重要的步骤，也会错失一项重要辅助工具。第一章至第三章回答了很多关于"孩子的行为为何变成这样"以及"你可以为此做些什么"这样的问题。本章把那些信息综合进教育原则中，这会加强你对第二部分的项目的使用，并且可以作为将来你自行设计管理孩子行为策略的基础。

所以可以把本章当作你的后援操作手册。当你对继续使用儿童管理技术犹豫不决时，理解使用这些技巧的原因和这些技巧的功能，会让你回到正轨。相信我，我们都是会松懈的，但如果你记得你的根本目的是什么，这种情况就会发生得少一些。你将会在第76页看到这些原则的概要。复印那一页，把它贴在你每天早上都能看得到的地方——卧室的壁橱门上、药柜门里面、浴室的镜子上——或者贴在你一整天都能看到的地方，比如冰箱门上。当你觉得对当下的事情和原因失去了把握的时候，就回去看看它。

下面几页列出的原则是改变你和孩子生活的基本原则，也能帮助你保证孩子的未来能幸福并富有收获。我和同事们提出这些原则是为了解决叛逆儿童家庭中存在的具体问题，然而多年的经验验证了我们的推测，这些原则实际上是一切幸福、健康、富有成效的亲子关系的基础。换句话说，这些原则对于教育所有孩子来说都是有益的提醒，只不过对于叛逆儿童的父母来说几乎是不可违背的规则。

全新的开始

希望你能从以下几个原则中获得启发和帮助。我认为它们是建立在你们现有能力基础之上的。采用这些原则，它们会帮你从前后不一致性的家长变成你一直以来都可能成为的那种家长。

三种新的思考和行为方式

分清优先顺序

当孩子表现得叛逆或对立，你的生活很容易就陷于无休无止的战斗中。孩子越是反抗你的权威、看法、要求和命令，你能否在每一次争吵中获胜就越显得重要。你要求孩子做一些其实根本不重要的事情，只是为了满足你偶尔的征服欲。

我不期待你现在就能在每次激烈的斗争中停下来问自己，是在为重要的还是琐碎的事情争吵。这个能力将随着时间的推移和第二部分项目的实践而获得。但是，我确实要建议你选一个平静的时刻，坐下来，列出你在改变孩子以及你们之间的关系上要优先做的事情。最重要的是什么：改善孩子在学校的表现？改善他在公共场所的行为？改善他与周围孩子的社会交往？完成一些必要的任务，比如像做家务、梳洗、做作业？减少对他人的攻击行为？重拾你和孩子之间的温馨时刻？如果把最大的精力放在最重要的任务上，那在这些事情上取得的初步成功将会为你继续保持良好表现提供最大的动力。你也要锻炼自己不要为小事而自寻烦恼。

同样地，审视自己的生活。现在你要优先考虑的是什么：职业、持家、照顾孩子、照顾年迈的父母、志愿者义务、社会生活？要诚实。一份基于内疚和所谓的"应该"得出的清单对任何人都没好处。本来外出晚餐能让你放松，恢复你的幽默感，但你取消了它，好像这样你就可以"解决乔伊的问题了"，然而只会适得其反。在漫长的工作日里，你沉浸在内疚之中，想着"为什么肖恩德拉会那样做"，可这是不能解决问题的。如果你知道自己的行动最重要，那么出于必要或意愿，你可以在紧要关头寻找解决问题的实用方法，或者至少设计一种儿童管理策略，来应对这种不可避免的现实情况。

要积极主动，不要只是被动反应

我知道这很难。叛逆儿童的父母非常清楚地知道，要打破这种"小要求升级成大冲突"的循环是多么困难。第二部分的技巧将为你提供简单的干预方法，以改变这种破坏性的模式。

现在，考虑主动性和选择。你实际上并不受孩子的摆布。在每次交锋时如何与孩子互动取决于你的选择。主动改变的最佳方式是对自己在未来的行为制订一个计划。孩子的行为会随之而来。

行动，不要说个没完

在我的另一本父母用书《如何养育多动症孩子》(*Taking Charge of ADHD*)中，我引用了心理学家萨姆·戈尔茨坦（Sam Goldstein）博士的一条宝贵建议。卡罗尔的儿子查理被诊断出患有对立违抗性障碍,她说:"我越是想跟他讲道理,他越是顽抗到底。"这话听起来熟悉吗?对很多父母来说这是叛逆行为最让人沮丧的后果之一了。孩子拒绝"听道理",打击了父母对自己说教能力的自信。如果对一个 7 岁的孩子你都没办法让他像你一样想事情,你应该不会很聪明吧,对不对?当然了,这多少跟你的智力(或者是孩子的智力)有点关系。只不过对叛逆的孩子(他们中的许多人患有多动症)来说,在反馈时成年人的即时行动比谈话更容易获得他们的回应。查理拒绝听从卡罗尔那些听起来不容置疑的观点,比如所有的孩子都必须有足够的睡眠,现在打篮球已经太晚了,如果他现在不睡觉她就会生气。这与他想推迟睡觉时间然后继续投篮的直接目的毫无关系。你预先警告他,他只剩下 5 分钟的游戏时间,迅速关掉篮筐周围的灯,告诉他如果他在五分钟之内准备好上床睡觉,就会得到 5 个奖励积分(见第二部分的第 3 步),这些会让他开始行动,因为他知道接下来会发生什么,他没办法在黑暗中继续玩,这时他就会发现奖励更有吸引力了。

三种新的交往方式

试着用孩子的角度看问题

当你面对无情的抵抗时,除了愤怒你很难看到什么东西。因此,最重要的是你要记住孩子有自己的行为方式,他真的不能以你的方式看待事物。年幼的孩子对时间是无知的,他们没有向前看的心理能力,他们没有能力去看以后会发生什么,或者在那之前需要做什么,并相应地计划自己的活动。他们生活在当下,这对他们来说是最重要的事情,现在所做的事情要有趣、有意思。是的,康纳知道洗澡是无法改变的事实,而且每天晚上都要在固定的时间里完成。但内心感受告诉他,继续现在的好玩的活动是最重要的。当你告诉他必须停下来时，他发脾气、生闷气。他曾经逃避过这件事的记忆促使他再次尝试这么干。如果你能通晓他的动机以及他的心思所在（在当下），就不会立马抓住他的过错不放。一点点的理解将会在很大程度上缓解你们之间的紧张关系，并且让你们回到相互合作的道路上来。

顺便说一下，用孩子的方式看问题并不意味着要屈服于他。这意味着要记住孩子的视角是非常有限的，孩子关注的是此时此地最直接的愉悦感、满足感，并推迟做他不喜欢的事。但是你还是必须坚持执行自己的要求。

停止责备

我们前面说过，父母很容易把孩子的叛逆行为归罪于某个人。现在，我希望你相信这不是你的错，也不是孩子的错。但是如果你还心存内疚或责备，请你练习宽恕所有人。我常建议家长在每天快结束时，用一点时间进行反思，原谅孩子在这一天与自己发生的冲突，同时也原谅自己不可避免的错误和过失。另外，这个时候你可能也会对其他所有人都释怀了：超市里那个怒视小贝丝的女人；那个质疑你做父母能力的老师；那个不让乔斯在她家玩的邻居。积怨、伤害和愤怒都是对情绪资源的滥用，使你很难从积极、有回报的事件中获益。

保持距离

你肯定看过动画片的打斗场景，猫和狗打成一团，从动画片上看就是一团灰尘和毛。它们互相纠缠简直难分你我。这种情况也会发生在你和孩子身上，过一会儿，你就不再是个理智的人了，而是一架大型的战斗机器。记住，你们每个人都可以自主行动，你不需要听凭另一人的控制。记住你的独立性，不要为孩子做的每一件小事而自暴自弃。你是孩子的父母，而不是孩子的另一个自我。最后，一点物理和情感的距离可以让大家都冷静下来。

良好行为背后的原则

下面的五项原则是第二部分 8 个步骤的基础。步骤 1—8 组成一个有顺序的程序,其中每个步骤都建立在前一个步骤的基础上,这些原则可以随时随地应用。由于叛逆是一种行为问题,对它的管理总是会要求你对孩子的行为做出反应。这些原则应该始终作为处理个别事件的落脚点,包括如何鼓励孩子长期的良好行为,和如何将其不可避免的不当行为最小化。它们能很好地帮你制定解决策略,并且让你把本书中学到的知识用于自己的家庭。

行为(好或坏)的后果要立即出现

遗憾的是,造成你如今处境的其中一个事件便是,你无意中满足了孩子最想要的:推迟服从你的要求,哪怕只是几分钟。当孩子不服从要求,在你重复提出命令 4～5 次后仍不采取行动,那孩子至少暂时获得了时机,可以拖着不去做自己不愿意做的事。记住,对孩子来说,虽然最终必须要完成你让他做的事,但其实这无关紧要。因为不遵守要求而得到额外的时间在他的头脑中强化了这个念头:拖延或对抗策略奏效了,即使只是暂时的。(他会想,也许下一次发更大脾气会带给我更多的时间!)扩展开来,如果孩子为得到你的注意,需要重复很多次好行为,那么下次他就不会再浪费精力了。

行为的后果要具体明确

孩子会根据你的反馈学习如何表现。如果麦克打了妹妹,没把垃圾带出去,对爸爸骂骂咧咧,而你的反馈只是说了句"你这个小鬼!"那他永远也不会明白到底是什么让你不喜欢他,可以肯定地说,他还会重复以上这些不当行为。其实把孩子作为一个整体进行泛化回应,或者对孩子的个人诚信（你怎么能这么狡猾！？），或者对孩子的整体表现（你为什么总是这么愚蠢？）进行泛化回应，其结果只会让孩子感到迷惑、沮丧。记住，不是孩子不好，而是他的具体行为方式不好。

不当行为的后果也应反映"过错"的严重程度。如果孩子偷了邻居的东西，而你因为自己的心情太好了，没办法对孩子太"苛刻"，只剥夺了他一晚上看电视的特权，那样孩子自然会认为，偷东西和没摆好桌子的严重性是一样的。如果你因为自己一天的工作很难熬，下班回到家里发现孩子在进屋时忘了关门，你为此罚他一个月不准出去玩儿，那么孩子会感到迷惑不解。最后，如果用"记后账"的方式处理个别过失，只会刺激两人之间的挑衅逐步升级，正如第二章所述。因为孩子这周一直在跟你顶嘴，所以你就对孩子这次的顶嘴反应过度，然而这样是无法教给孩子，特定的不当行为有特定的行为后果。没有这样的信息，孩子就不能建立自己可以信赖的、有预见性的行动和反应框架。

行为的后果要保持一致

如第二章中讲到的，缺乏一致性可能比任何其他因素都更能刺激孩子的叛逆行为。缺乏一致性会滋生出赌徒周期回报模式，它是叛逆行为赖以生存的强大支撑，即使你周期性地给予惩罚。不可预测的教养方式还会让所有的孩子感到不安，因为他们不知道接下来会发生什么，这反而让他们不断地试探你的底线，找出真正的规则是什么。你在特定的时间、地点选择妥协或强加无意义的后果，实际上是训练孩子让他们在这些情境下表现不佳，因为一个意志坚强的叛逆孩子，按照自己的方式行事的驱动力是十分强大的。我称之为散发式控制模式，这种模式包括：父母的教育有分歧，换个地方规则就变了，或者时不时就不加区分地管教孩子。我在绝大多数有叛逆儿童的家庭中都看到过这样的方式。在对孩子的行为管理中建立一致性当然是需要付出很多努力的，但这可能是你为孩子所做的最重要的努力了。

我们都受自己的情绪影响，也受不同环境的影响，所以要在不同的时间执行同样的规则并不容易。但是你越这样做，孩子就越能清楚地知道在某些行为之后会发生什么。即使你度过了美好的一天，感觉特别轻松愉快，也要咬紧牙关保证要孩子每天晚上 8 点就寝。

叛逆儿童会得到非常多的负面反馈，因此改善行为最重要的第一步（见第二部分的第 2 步）就是关注其积极面，就像关注其消极面一样。虽然大家急急忙忙出门去上学、上班，但你儿子却在没有人要求的情况下整理了床铺，或者你女儿把早餐盘子放进了洗碗机，永远不要忽视类似这样的事情。如果自己的积极努力没有得到应有的认可，那么孩子可能会气馁，并且可能很快就会放弃。

几乎所有父母都会时不时地出现一致性问题。让孩子在家里执行计时隔离是很容易的，但是很多成年人都不愿意在公共场合或者在别人家里引起别人对自己和孩子的注意（还担心孩子会干出更糟糕的事情！）。自然，有些人的意见对孩子来说很重要，所以你不想在他们面前羞辱孩子，但如果你想要随时能带孩子出门，你就必须让孩子明白，在家里不能接受的行为在公共场所也不能。第 6 步和第 7 步提供了很多好建议，可以让规则在家庭内外保持一致。

父母之间的一致性是完全不同的情况，首先父母之间的冲突要很少。离异的父母可能会发现，他们在孩子的管理上几乎无法合作，特别是如果他们在这个问题上的理念已经不同，或者孩子已经成为他们持续紧张的关系中的一颗棋子。如果是这样，一起看看这本书可能会有帮助。如果不是这种情况，或者问题主要在于你们的关系充满冲突，婚姻或家庭咨询或者其他专业的帮助可能是最好的途径。不管你做了什么，孩子的未来取决于父母双方的合作，或者至少在管理孩子的行为时不要干涉对方。

惩罚之前要建立奖励方案

这个原则非常重要，我甚至告诉父母们要建立一套特殊方案（参见第 3 步），用来奖励积极行为和取代消极行为（比如刷牙与拒绝刷牙），在那之前应该马上叫停一切惩罚措施。如果你不好好看看你家最典型的亲子互动模式，那你可能会觉得这个听起来有点戏剧化、不切实际。我打赌惩罚已经成为你和孩子的主要交流方式了（甚至是唯一方式）。而且，我敢打赌，随着时间的推移，它的效果会越来越差，因为研究和临床观察表明，如果对孩子表现出的积极行为没有奖励，那么对消极行为的惩罚就会失去作用。出于这两个原因，你需要从零开始，用激励取代惩罚。

这一原则在之后的时间里变得异常重要。正如第三章所指出的，一旦父母们完成了 7 步方案，除非他们把这一原则牢记于心，否则很多人都会非常想重新启用惩罚的方式来管理孩子的不当行为。

预测不良行为并为其制定预案

如果你的孩子一直有不当行为，你可能要用全部时间来处理危机。很多叛逆儿童的父母好像没办法对危机制定预案，因为他们与孩子在一起的时间太少了。但有趣的是，如果你能后退一步考虑一下，就会发现，如果提前做好了准备，就会给自己留出很多时间，而不是在每件事情发生的时候才去处理。像我上面提到的，积极一些，不要被动反应。如果不当行为有可能造成大麻烦，可能除了给你自己和孩子之外还会给更多人带来不便，那么在这种情况下计划显得尤为重要。我指的是像商店和餐馆这样的公共场所（谁有时间终止假日购物？谁愿意在吃饭的时候离开餐厅？），但是只要是孩子可能出现不当行为的场所，你都得提前计划。

> ### 良好行为的原则
>
> • **三种新的思考和行动方式**
>
> 1. 分清优先顺序
> 2. 要积极主动,不要只是被动反应
> 3. 行动,不要说个没完
>
> • **三种新的交往方式**
>
> 1. 试着用孩子的角度看问题
> 2. 停止责备
> 3. 保持距离
>
> • **良好行为背后的原则**
>
> 1. 行为(好或坏)的后果要立即出现
> 2. 行为的后果要具体明确
> 3. 行为的后果要保持一致
> 4. 惩罚之前要建立奖励方案
> 5. 预测不良行为并为其制定预案

要从经验中学习。不要只是跟女儿一起去逛街,要主动地做计划,先用奖励,然后是惩罚,为良好的行为做准备。与孩子沟通,让她知道目的是什么,告诉她你们有机会最大程度地减少不当行为及其对他人的影响(见第 6 步和第 8 步)。

PART 2

与叛逆儿童相处

这部分的家长培训项目中，有一些最初是由俄勒冈健康与科学大学（Oregon Health Sciences University）的汉夫（Hanf）博士在20世纪60年代创立的。我是汉夫博士的学生之一，他的学生们在临床实践中对这个项目进行了修改和实践，而我对项目做了最大程度的扩展。30多年来，我用这个项目培训了成千上万的家长，并通过研讨会把项目介绍给了一万名专业人士，使他们也能够采用这个项目，用来培训家长。

在我自己和同事、同行的经验中，全力以赴的父母可以通过以下8个步骤让叛逆儿童的行为永久地改善。父母们完成了此项目，并在其中汲取了经验，这些经验成为他们育儿实践中永久的组成部分，在他们中间有许多鼓舞人心的故事，那是有关孩子重拾与他人相处的自信，并快乐、健全地在这个世界上生活的故事，那是恢复了亲密家庭关系的故事。

我希望你很快也能成为"幸福结局"的一员。我是真的很想知道你是如何面对这个项目的——你的成功和失望，你为适应自己的家庭所做的努力，以及你提出来的可能帮到其他父母的技巧或策略。分享彼此的想法，一直是我与父母们合作的原则之一，所以请加入团体中，发邮件到我的邮箱，或给我写信由吉尔福特出版社转交给我。

这个项目要花多少时间

项目由8个步骤组成，每个步骤预计要花一个星期的时间。请不要一读完步骤1—8就马上试用所有步骤。无论出现什么形式的认知和行为改变——而这个项目就是一个经典的例子——都需要给大脑一些时间来记录每一次的收益，然后再继续前进。这给了你继续前进所需的动力，去做出最后的改变。（我们可能都有过几次速效节食的经历，事实证明草率的变革是多么不堪一击。）对整个项目操之过急，只会让你限于转瞬即逝的自信，并失去决定性的动力。

按顺序完成项目和在每个步骤上用够时间，这两件事同等重要。这一计划的制订涉及大量的研究和一线经验，可以帮助消除过去造成的伤害，同时为未来的亲子互动构建一个新的范式。具体地说，我们希望找到一种方法来扭转过度依赖惩罚的倾向，这是我们在叛逆儿童所在家庭中发现的重要问题。

我们发现，最好的方法就是从积极面开始，提醒家长们如何使用关注和激励，当积极方法成为主导方法之后，才可以开始使用消极方法（惩罚），它应该从属于积极面。因此，项目的每一个步骤都是在前面步骤的基础上设计的，如果不按照它们的顺序来执行，会降低在此项目中获得预期收益的可能性。

总而言之，在4～6周的努力之后，你会看到明显改善。如果你想一想孩子用了多长时间变得叛逆，就会觉得这个时间不算很长了。如果获得的回报是你与孩子的关系得到改善，那么这个投资也不算大了吧。

可以预期有多大程度的改善

在家庭的真实生活中，孩子的行为改善究竟会怎样？这取决于你在这个过程中的尽心程度，以及孩子问题的严重程度和性质。如果你认真地按顺序学习项目中给出的技巧，始终贯彻书中提供的方法，让自己不再故技重施，那就可以像我与同事们所咨询过的70%～80%的家庭一样，做出永久改变。

如果孩子轻度叛逆或不听话，并没有其他问题，那么就完全有治愈的机会。也就是说，孩子的行为表现可以重回正常并且让社会接受，家庭生活可以基本恢复正常。要让情况保持稳定，你需要做的是对孩子表示关注和赞许，偶尔使用"计时隔离"法。

如果孩子有更严重的行为问题（多动症、广泛性发育障碍或精神病），那么治愈可能是不太现实的，但是期待明显的改善是现实的。你可以利用项目中的方法创设一种环境，让孩子尽可能地好好表现。

就像任何一种假体装置，尽管它会让孩子的行为受限，却可以帮助孩子做到其他孩子都能做的事情。同样重要的是，看到自己帮助孩子取得了进步，会减轻孩子行为问题所带来的痛苦。它也激发了希望。你甚至会发现，最后孩子不再需要这种辅助了。随着孩子的成熟和自我控制能力的提高，长期使用这些技术有时会永久地减少孩子的叛逆行为，从而顺利成长。

不管孩子一开始遇到多么大的挑战，记住，这个项目的根本目的不是要"处理孩子带来的问题"，而是要提高家庭整体的和谐水平。进行8步法的时候，请牢记这些宗旨。

1. 注意到自身的风险因素（第二章中发现的先天特质），这些先天特征可能会导致你与孩子发生冲突。有可能的话，要做好改变的准备。如果不可能改变，想办法避免让它们干扰到对孩子的有效管理。（例如：如果你的脾气和孩子一样暴躁，要知道自己爆发的时机，然后让自己与孩子隔离开，一直到能恢复自我控制为止。）

2. 切记孩子身上的风险因素（也是在第二章中确认的），采取行动尽可能去改变。学会接受和处理自己无法改变的事情（例如：多动症往往会导致父母和孩子之间的很多冲突，你可以针对多动症相关的冲动和极端情绪寻求专业帮助。另一方面，过度敏感也可能是孩子身上所固有的特征。如果你接纳了它，你就可以预先警告他有可能会发生让人很烦的事情，为其扫清障碍，慢慢地、逐渐地做出改变，并将过度刺激保持在最低限度）。

3. 记住你在第二章中了解到的为不当行为设定后果的方法。停止强迫、含混不清的信息和消极强化，因为你知道它们只会导致、保持或加剧孩子的叛逆行为。（例如：注意自己说的话，这样你就能在话到嘴边时发现问题：

"为什么你不能一直像这样打扫房间呢？""现在你才真的懂了！""我才不管我昨天说了什么……"）

面向未来，脚踏实地

下面是从头至尾对整个项目的概述。

第1步：给予关注

我们要面对现实：一旦冲突成为亲子互动的主要内容，孩子就不会重视吸引你注意这件事了。而"看我，妈妈！"，这类孩子与生俱来的态度会促使他与你合作。在内心深处，即使是最叛逆的孩子也需要认可。所以，如果想让他们照你的要求去做，第一要务是让他们重新相信，他们有能力获得你的认可。在这一步中，你将学会的是平衡给予孩子的负面关注和正面关注，负面关注包括从命令到批评甚至到威胁，正面关注包括简单的正面赏识、赞许和认可。关键是，每天花点时间跟孩子待在一起，不要命令、责骂或纠正孩子。正常状况下大多数孩子都会非常积极地与父母共同努力。即使每天只花15分钟不分心、不加批评地关注孩子，都会获得神奇的效果，你将亲眼见证信任和共情的重建，以及相互关系的改善。

第2步：利用表扬赢得安宁与配合

如果孩子重新开始重视你的关注，那么你可以利用这个强有力的工具来获得孩子的服从。自古以来，父母、老师和其他成年人一直如此。在这个步骤里，你将学会如何利用认可、欣赏和表扬来回应孩子的服从和合作行为。

不厌其烦地说"乔希，我真的觉得你今早把床整理得很好"，以此增加乔希明天再次整理铺床的可能性。你也会养成在不想被打扰的日常活动（打电话、支付每月账单、和客人聊天）中得到片刻解脱的习惯，想要在做事情时不被打扰，就去表扬孩子独立玩耍而不打扰你。随着时间的推移这也会改善孩子的行为，延长你做自己的事情而不受干扰的时间。

第3步：口头表扬不够时，要给予奖励

如果叛逆行为很温和，那么表扬和关注就足以重新赢得孩子的信任和配合。然而，很多父母要做的不止于此。例如，有品行障碍的孩子，他们想要即时获得满足的内驱力非常强烈。此时你的任务就是，你想让孩子完成的事情要比他自己想要的东西更加有吸引力。你也深知，让你的即时目标（比如写作业）比孩子的目标（继续玩）吸引人，一般是不太现实的。这意味着必须要让聚焦于当下的孩子们寄希望于未来。教育、工业和其他领域的广泛经验告诉我们，达成这一目的的途径是为眼前的服从行为给予预期性奖赏。在这一步中，你将学习用各种各样的奖励和刺激，强化孩子遵守家中的命令、规则、家务安排和社会行为准则。孩子因为遵守特定的命令和规则而获得积分，这些积分可以用来购买某些奖励和特权。对于4—8岁的孩子，我们会用扑克牌筹码作为代币，对于9—11岁的孩子，我们会在笔记本上记录点数。孩子可以每天、每周或者在更长的一段时间后来兑换自己得到的积分。

第4步：温和的管教——计时隔离

如果你开始稳定地施行积极的强化方法，那你也就有很多的机会考察它的效果。现在可以重新引入温和的惩罚方式了。对不良行为施加的第一个惩戒后果就是，从孩子之前因为良好行为所获得的积分或代币中减去一部分。

然后你会学习使用一种非常有效且为许多父母所熟知的方法，叫作"计时隔离"。办法虽老，但效果好。你需要立即将孩子隔离，让他坐在椅子上或者待在房间角落里，这个方法虽然温和却行之有效，因为这样就可以让孩子与他想做的事情隔离开。由于很容易不小心倒退回去，又变成过度惩罚，所以这一步需要慢慢来，只在一两个特定的不当行为上采取"计时隔离"。

第5步：把计时隔离用于其他问题行为

一旦"计时隔离"开始奏效，就可以把它扩展用于另外一两个不当行为上。这个阶段是用来改进方法、制定操作细节和解决问题的。

第6步：出声思维，提前思考——公共场合应该怎么做

到目前为止，你已经在家庭内部这种相对安全的条件下学会行为改进技术了。但是一旦涉足更广阔的世界，包括商店、餐馆和其他公共场所等，即使是最坚韧的父母也会感到恐惧。在这一步，你将学习预见问题，并在家庭之外使用这些已稍做调整的管理技术。在马上要进入公共场所前，要做一个管理不当行为的计划，与孩子分享计划，然后在公共场所坚持执行计划。

就像在家里一样，要强调孩子的积极行为，你需要在其中调和，一方面使用惩戒手段，另一方面又要让孩子有事可干。找一些有趣的活动，让自己充分发挥创造力，激发孩子的积极性与兴趣。

很多父母通过让孩子帮忙明显地增加了孩子的自尊心，比如"我们进商店以后，你能帮我找到米酥吗？"，或者"我们开上高速公路时，你能帮我保证不错过 I-80 出口吗？"，或者对比较小的孩子说"我带了 iPad，到了餐厅后，你可以拍一张我们的全家福给奶奶。"这种"出声思维，提前思考"法不只在公共场合奏效，在家里当日常活动有重要过渡时也有用，比如，有一伙

客人要来家里，或者该做作业了，或者要完成一项耗时的家务活儿，或者马上要到洗澡或上床睡觉的时间了。

第 7 步：协助老师一起帮助孩子

这一步仅适用于学龄儿童，因为需要孩子的老师的配合。以我们的经验，老师合作的意愿取决于他们觉得自己在班里管理孩子的行为需要多少帮助。让老师填写每日在校行为报告卡，可以使用第 3 步中建立的代币体系，在家里提供一些激励物，以强化孩子在校的良好行为。

第 8 步：走向更好的明天

如果你花了几个月的时间来学习前 7 个步骤，就会发现孩子的行为有了显著改善。（如果你没有看到孩子的明显变化，这就可以作为一个信号了，表明你可能需要的不仅仅是自助，回到第三章找出获取专业帮助的信息。）到这个节点上，人很容易变得过于自信或自满，所以第 8 步会给你机会来预测未来会发生什么以及你将如何处理新问题。老话说得好，孩子的问题总是按下葫芦浮起瓢，叛逆儿童当然也不例外。

你的孩子会成长和改变，而你将知道如何把学到的步骤用于孩子新出现的行为问题上。一个二年级学生从发脾气转而打人，或者一个开始吸烟的五年级学生，或是一个接近青春期的孩子藐视你（这个年龄的孩子经常这样对待父母）又说脏话，你会如何为孩子设计一个行为改变计划？我将帮助你运用新技能，为这样的可能性做好准备。

我还会教给你一些方法，针对孩子的进展或退步做出监测与反应。例如，对于有些孩子而言，家庭代币系统需要进行好几年，而其他一些孩子可能已经开始取得了持久的改进，让其父母有机会将这项技术淡出。第 8 步将告诉你如何区分不同的孩子，以及如何让孩子从这项技术中戒断。你也需要自我监控，所以当你退回到过度惩罚模式（起到适得其反的作用）时，这一步骤能帮助你发现。

每一步骤的特点

在接下来的章节中会每一章出现一个步骤。每一步都包含了一些特征，它们的设计是突出重点，并帮助你将这些技巧以最佳方式应用于自己的家庭中。为了让你对所教授的方法在日常生活中的运用情况有一个直观的了解，我会从几个场景开始，说明缺乏技巧将如何激发孩子的叛逆行为，以及如何使用技巧改善行为。在那里我将列举步骤的目标，并重申这个步骤是如何成为下个步骤的先决条件的，以帮助你行走在正确的轨道上。

当然，每一步骤的关键是明确说明该做什么，同时要考虑到年龄不同的儿童。你会发现一些常见问题的答案和一些关注点，让你可以受益于其他父母的经验，他们的可为与不可为，他们设计的新颖的用法，以及他们针对这一步所遇到的常见障碍而想出来的智慧办法。在所有的步骤中都会有重点提示以及另外的练习和建议，来帮助你克服一些大的障碍。

作业1和作业2

你需要在项目开始之前完成两个作业。

1. 再回顾一下你在第二章中填的"家庭问题剖面图"。（如果你还没有填，那么现在就填表吧。）既然你已经读得更深入了，那你和你的配偶有什么要补充的吗？你有什么新的主意把压力降到最低，并将这些压力对你和孩子的互动造成的影响进行最小化吗？我不期待你过一周就解决了问题，但是如果你希望从这个项目中得到最大的收获，你需要制订减少这些压力的计划，所以要记下你计划采取的行动清单。如果你在面对所有重大问题（婚姻冲突、健康问题、物质滥用等）时感到不知所措或无助，那么现在是时候寻求专业帮助了。如果你希望，在不用关注个人和家庭问题的前提条件下去改变孩子，那么请你不要启动这个项目。

2. 你的第二个任务是保护你的家庭。研究表明，对抗型的儿童，尤其是患有多动症的儿童特别容易发生事故，他们可能会损害财产和贵重物品，并可能给他人造成意外。请检查你家里的每一个房间，是否存在有潜在伤害性的制剂或机器，是否存在可能会被小孩子损坏的有价值的财产，是否存在容易被冲动的孩子接触到而你想要保存或保护的物品。

一旦你完成这些作业就可以准备开始了。

第五章

第1步：给予关注

以前……

"来吧，小伙伴们。"南希向她的三个孩子喊道，她抬起头靠在耙子上，说："我们继续行动吧，否则我们永远干不完活儿了。"

杰森和丹正一起在草坪的一角干活，他们已经堆起来两大堆树叶了，现在正在撑起准备收树叶的袋子。他们的妹妹艾莉，正站在草坪的另一边，耙子横在地上，她手里拿着一大片枫叶，眼睛看着阳光透过它。

"好的，妈妈。"丹大声回答妈妈，和弟弟回去继续干活，把树叶扫进袋子里。

艾莉似乎没有听见妈妈的声音，妈妈叹了口气。她想，至少艾莉不再妨碍男孩子们干活了。也许我应该忽略她。她回去拿耙子，抬头一看，正听到艾莉在草坪那边大叫："嘿，伙计们，来看看这片树叶！"

"艾莉，我今天没时间听你胡说八道！"妈妈大声喊道，"拜托，你能不能帮帮忙？"

艾莉刚拿起耙子一分钟，可当她发现草丛里有只毛毛虫时，她就把耙子扔了。南希再次抬头看，发现女儿一片树叶也没耙到，她跺着脚，厉声说道："好吧，小姐，就这样吧。我们其余人都在这里辛辛苦苦干了一个小时活儿了，你连一秒钟都没使劲儿呢。你难道不觉得应该要好好干活儿吗？"

艾莉看着自己的手，说："哇，看这家伙身上的颜色！"

南希抓住艾莉的手，把毛毛虫扔到草丛里，拖着她回家去。艾莉抗议道："嘿，等等……好吧，妈妈……我保证现在就耙……"

南希回到草坪时气坏了，她开始怒气冲冲地耙树叶，喃喃自语道："我受够这孩子了。好吧，等她发现自己没蛋糕吃，就会反省自己的懒散表现了吧。"

后来，南希态度缓和了，她派杰森去艾莉的房间把她带下楼来一起吃东西，但她自己拒绝露面。

"我不会下去的！"艾莉大声叫着，使劲把哥哥推到门口。

"她可能只是想继续教训我而已。"南希说。

后来……

南希靠着耙子，望着她这个女儿，叹了口气。那天下午，他们家院里的活儿只要向前迈进一步，艾莉就把它往后拉回来一步。她在树叶堆上跳来跳去，绕着哥哥弟弟跑还招惹他们，她拒绝妈妈的所有要求。现在他们快要干完活儿了，艾莉却正忙着从最后耙出来的小堆里拿出最大、最红的枫叶。

南希正要厉声呵斥她，这是那天她第30次想要这么干了。但是南希停下来了，她让自己注意到女儿脸上高度专注的表情。她深深吸了一口气，走到女儿身边，温和地说："这些叶子好美，艾莉。也许以后我们可以用它们来装饰桌子。我想到了今晚可以做一些特别的事。"

一个小时后，南希淋浴后下楼，来到厨房开始做晚饭，并给早些时候烤的蛋糕撒上糖霜。当她经过餐厅的时候，在门口发现了八字形的东西，这让她忍不住多看了两眼：艾莉的叶子很艺术地在餐桌中央摆成了红色装饰，而且整个餐桌都布置好了，可以准备吃晚饭了。

艾莉跟所有孩子一样，一开始的时候，只要能从妈妈那儿得到一个微笑，一个点头赞许，或是一句"好孩子"，她什么都愿意做。但在情景一中，艾莉逐渐了解到，妈妈的注意力总是消极的——批评、苛刻、不赞成，并关注着她做错的事情，而不是她可能做好的事情。因此自然而然地，她不再有动力努力获取妈妈的关注了。她的表现越来越差，她花越来越多的时间一个人待在自己房间里，有意思的家庭活动越来越少，而且时间间隔越来越长。原本无可取代的亲子关系开始破裂了。

情景二中的艾莉，是在她妈妈完成第 1 步之后我们会看到的情形，她本色依旧：仍然倔强，脾气暴躁，很快就会分散注意力，拒绝服从妈妈提的要求。但是，不当行为和家庭冲突的恶性循环已经停止。南希正在努力地欣赏女儿的优点，比如她对颜色和外形的艺术鉴赏力，而且每天和艾莉一起度过一些轻松的时光。有趣的是，在不需要南希指导或批评的情况下，他们的相处时间越长，南希从艾莉身上注意到的积极品质就越多。她对女儿的认可越多，艾莉就越努力去取悦妈妈。如果她们继续这样做，这个循环可能就会逆转。

随着时间的推移，有些父母完全不再关注叛逆孩子。然而，大多数父母还是步履沉重，他们给了孩子错误的关注，忽略孩子的正面行为（或讽刺挖苦孩子），而且他们总是通过按下孩子的情绪开关，通过让自己的脾气控制行为反应，通过不一致的反应，让孩子混乱不清，这无意中鼓励了孩子的负面行为。

远观这些很容易看明白。如果一个男孩认为自己不能通过良好的行为来赢得你的笑脸，他就不会很努力地去与自己的叛逆本能做斗争。但是你是当局者迷。直觉很可能告诉你，如果你经常纠正他，大声责备他，严厉惩罚他，那总会有所裨益。这样做并不奏效，但父母们却陷入了这种模式，以至于他们无视眼前发生的事：持续的负面关注不仅不能解决孩子的问题，反而会给孩子带来很多伤害。

心理学家把有关亲子关系的观点称为"依恋理论"，这是有原因的。从出生起，孩子就注定要依靠你而不是别人来获得认可、赏识和接纳。你的微笑和点头告诉小宝宝，学习站立和走路是很重要的，甚至值得冒摔跟头的风险。你惊呼孩子画得很好或球扔得很准，都是在告诉他，他是一个被家人欣赏的人。你的耐心、宽容和理解，是在告诉你的孩子他是被爱的，即使当他表现不好的时候也是可以被原谅的。

当孩子不再重视你的关注，你失去的不仅仅是一个让你获得孩子配合的有力工具。同时你也失去了孩子的尊重和信任，你削弱了本来无可替代的亲子联系，你损失的那部分，是引导孩子过上幸福健康的成年生活的可能性。

这就是为什么重新学习如何给孩子正确的关注很重要，这是本章的目标。

第 1 步的关键是一种看似简单的技巧，叫作"特别时间（special time）"，它的益处超乎想象地多：

1. 它会给你第一手的证据，证明你对孩子的回应方式会大大影响孩子遵守要求的主动性，无论是整理床铺还是忍住不打人。
2. 它会教你注意和认可孩子好的行为，忽略坏的行为，而不是反之。
3. 它将帮助你欣赏孩子，享受你们在一起的时光。
4. 它将开始治愈持续冲突带来的伤害，恢复信任，重建彼此互助的意愿。

当然，如果你只是半心半意地学习这一步骤，就不一定能获得这些好处。由于这看似很简单，因此许多家长错误地认为学会给予积极的关注是很容易的。但，不是的。当你被一个叛逆的孩子困在斗争旋涡中时，你有很多的习惯要去摆脱。认真对待这一步是获得上述好处的唯一途径，获得上面列出的好处是使下一步骤见效的唯一方法。

在第 2 步中，你将学习如何使用表扬来获得孩子的合作，如果你的欢呼声总是被嘘声打断，就表明这个方法还没有起作用。

"但是我给的关注已经够多了……"

当然，你确实给孩子关注了，但这是说服孩子听话的那种关注吗？如果你不认为自己给孩子的所谓关注，实际是在鼓励他对抗，那么请做下面的练习。

你想努力成为哪种家长呢

1. 把一张纸分成两栏，在一栏的顶部写上"最差上司"。在这个标题下，记录你所遇到过的最糟糕的上司的五个特点。老板是怎样对待你的？
2. 现在回想一下你为最差上司工作的方式。热情还是勉强？是努力的还是尽可能少干？带着同情和忠诚，或者带着怨恨和托词？
3. 现在，在另一栏的顶部写上"最好上司"，对你还能记住的好上司的事情，也完成第 1 条和第 2 条的内容。
4. 现在仔细看看这两个列表，问问自己：哪一列最接近你对待孩子的方式。要诚实。
5. 最后，将你对待孩子的行为与你在最差上司那栏列出的行为进行比较，然后再思考孩子对待你的方式。可能孩子仅仅是在罢工，就像你对最差上司采取的行动一样？你希望他在被侮辱或在恶劣的条件下完成任务吗？

让我们做些事情来改变环境。

> 下面是人们记录的最好上司和最差上司的一些特征。它们和你的列表相比如何？
>
> **最差上司**
> 提不合理的要求
> 总是改主意
> 从来不说"谢谢"或者"干得好"
> 在别人面前羞辱我
> 因为他自己的错误而责怪我
>
> **最佳上司**
> 做事情充满挑战性，但公平合理
> 坚持计划性，保证我们有知情权
> 对成功的事情有或多或少的奖励
> 对下属表现出尊重和同情
> 承担作为领导的责任

与孩子共度特别时间

为了成为孩子可能的"最好上司"，每天留出一段特别时间，也就是专门花 15～20 分钟的时间和孩子一起放松玩耍。你的目标是双重的：学会关注孩子积极的一面，包括孩子的良好行为、成绩、天赋和其他积极的品质，并重新获得孩子的信任。我发现，通往这两者的途径是建立一个场景，在其中你不能提任何命令、指令或试探性问题。尽管听起来很激进，但还是得请你允许让孩子来掌控局面。因为这只是玩耍时间，所以让他做出自己的选择、犯个错，应该也不太难吧。最难的部分是：不管你脑子里在想什么，都不要顺嘴说出任何消极的话。按照以下计划行事。

1. 留意到一天当中这样的时间段，那个时候孩子在做他喜欢的事情，而你知道自己有 15～20 分钟的空闲时间，没有任何紧急或压力较大的事情要完成。不用提前宣布，直接加入孩子的活动，无论这意味着要站在篮球架旁边，还是在地板上坐在人形玩偶中间，然后开始留心观察。给自己几分钟时间仔细看，在心里默记。孩子在做什么？做了多久了？是接着几天前就一直在做的游戏或项目做，还是一个自发的新活动？是否有目标，或者只是无目的的玩乐？孩子是兴奋不已还是全神贯注？有计划的还是即兴为之？你可能想让孩子解释一下他在做什么，但要克制自己问问题的冲动。即便是简单的提问，也会干扰孩子的游戏，通常"妈妈或爸爸控制局面"的情境就是这个套路。你也了解，当你正专注于某件事时，如果另一个人开始向你提一些问题，你自然感觉是非常恼火的。

2. 现在开始评论孩子在做的事。评论要简洁而正面。不要煽情、做作或虚情假意。只需要对孩子正在做的事情表现出真诚的兴趣，当你觉得感动时，就在你表达中加上真诚的赞美。如果你的孩子在投篮，你可以用一句简单的话来打破僵局，比如"好球！"然后继续在更具体的细节上加以表扬，以表示真正的兴趣，"所以，你的外线投篮练习得很多啊……你的篮板球越来越好了……我觉得你这么努力练习真是太好了……"，或者你可以采取更生动的"体育播报"的方式，实际地做出"实况播报"式的描述，"……准备上篮了，2分！现在他把球运回场上，然后去打外线……"其实，很多家长发现这种广播风格对各种游戏都有用。

3. 15分钟或20分钟后，告诉孩子你有多喜欢和他一起玩，并说你愿意每天安排一个特别时间和他一起玩儿。

在双亲家庭中（或在离异家庭里），父母双方都需要安排特别时间，第一个星期最好至少有5天。尽管随着时间的推移，你可以将频率降低到每周3天或4天，但特别时间会成为你与孩子之间的关系的一个支柱。不要感到惊讶，因为可能你和孩子都很享受这个时光，你会想要更多时间跟他们待在一起（而不是更少）。

在这个星期里，把在特别时间里的经历和观察记录做成简单的日志，包括你们一起做了什么，感觉怎么样，以及在你们的关系中你看到了什么变化（不管是在特别时间还是在每天的其他时间里）。

特别时间最好安排在什么时候

一般来说，对于9岁以下的孩子而言，建立规律的时间表是比较现实可行的，无论是哥哥姐姐在学校的时候，还是学龄期孩子放学或者晚餐以后。确保这段时间，对你们两个来说都方便，你能够在这个时间放松下来，并且能够把所有的注意力都集中在孩子身上。如果你的精力被其他任务占据，比如要开始、准备回到工作上或做家务，注意力就会被分散，其效果也会降低。

对于9岁以上的孩子，必须要灵活一点。一旦他们升到四年级左右，孩子的时间表就开始排满了，在能抓住他们的时候，必须要把握住时机。当你看到孩子在独自一人开心地玩耍，而且你也比较放松时，那就开始一段临时的特别时间吧。

尽量找到一个时间，那时孩子的兄弟姐妹不在你身边，不会分散你的注意力。如果这样还不行，在妈妈与叛逆孩子共度特别时间的时候，可以让爸爸带着其他孩子，然后你们两个再交换。

什么类型的游戏最好

最好的游戏方式？不，并没有。唯一适合特别时间的游戏是孩子自己选择的。对于9岁以下的孩子来说，当计划的时间接近时，你就直接走到孩子跟前说（用自然的话）："我们一起玩的特别时间到了，你想做什么？"

如果你能做到完全不发号施令，那就直接加入孩子的游戏吧，特别是在如果孩子邀请你加入游戏的时候。但你还是要退居后位，让孩子来操控活动。否则，不如做一个讨人喜欢的陪伴者和一个感兴趣（甚至着迷）的旁观者。

一般来说，叛逆儿童已经习惯被大人严格控制了，有些孩子会趁着这个可以自由选择的机会试着做点什么。一个聪明的 6 岁孩子，总是提议要跟妈妈一起往墙上涂颜色。这，听起来当然十分离谱。但是，这位妈妈用牛皮纸巧妙地智胜了，她把牛皮纸贴在墙上，然后和儿子一起在纸上涂颜色。他们甚至把涂画了的牛皮纸贴在墙上留着看。她跟我说，她觉得塑料包装纸也能行。

一位父亲为了哄自己有点多疑的 12 岁女儿一起过特别时间，只好自愿尽可能开车带她去各种地方。然后，当女孩把收音机开到最大声的时候，爸爸平静地对音乐做了一些中性的评论，而没有抱怨或者要求她把声音调低。他报告说，没过多久，她就对和爸爸偶尔的单独相处感兴趣多了。

一个不太成功的例子是，一位家长说她在特别时间上运气不太好，因为她儿子一直都只想打篮球，而她讨厌打篮球。不足为奇，总体上这位母亲在这个项目上从来没做好过。除非自愿在短暂的缓和期内放弃对事情的控制欲，否则很难摆脱不良的行为习惯。如果你不能让自己低下头找到方法：即使不喜欢这个活动，也要享受和孩子待在一起的时光，温习一下自身"风险因素"的评估（见第 31—32 页），或许会从中受益。

然而，"让孩子选择"，并不意味着你在心理上毫无准备。你可能会发现在某些活动中，自己更容易不去命令或提问，而且你也应该知道哪些活动会让你容易去控制。也许你想传授自己的天赋或技能？我认识的一位编辑，她跟孩子的特别时间是写一段故事，她必须咬紧牙关不去纠正她女儿的英文。一位图形艺术家握紧了拳头，以阻止自己从儿子手中夺走画笔，说出"不，你要这样画"。

我总是建议父母们，没什么事情不能等到下次再教给孩子。记住这些建议会帮助你在"有倾向性的活动"中，忍住不去指导或纠正孩子。

可能会有更难预料的"障碍"。让我意外的是，有些父母说他们不得不去干预孩子，只是因为自己也非常想玩儿。在你插入"嘿，轮到我了"这句话之前，请记住谁在掌控特别时间。现在不是制定规则的时候。其实，如果孩子选了竞争性游戏，让她创造新的规则，她甚至可以作弊（如果她愿意的话），不要指责她。在这个时间内，学习如何正确地玩游戏并不是优先要做的事。也就是说，合作游戏比竞争游戏更能让他们集中注意力，身体运动比数码活动（比如电子游戏或使用社交媒体）更适合这种互动。我也不推荐看电视或看视频。除去电视本身，你没什么可以观察到的，而且即使是对最不敏感的孩子，"叙述"电视节目也会让他们很烦。当然，很多孩子本能地会选择电视。我们通常会告诉父母去鼓励孩子选择其他的事情，或者干脆重新安排，把特别时间安排在电视上没有孩子最喜欢的节目的时间段。一些家长让孩子选择看电视，并且让这段时间过得很舒服，他们在其中加入一些交谈，但我仍然认为，这种方式错失了充分关注孩子的时机。

最好的对话是怎样的

规则1：不指导，不纠正

不管你要说什么，都不要告诉孩子该做什么，或者试图改变他玩的方式。这样做只会被孩子解读成你想要控制场面，而孩子会立即与整个形势对抗起来。但如果你不加批判地叙述，孩子会相信你对他所做的事很感兴趣。展开来说，你的孩子会逐渐相信，无论你们身在何处，吸引你关注的一直是他这个人。最终的结果是孩子的自尊和自信的明显提升。

你会注意到，用这种方式说话的一个重要原因是，它会让你一直说话，而不容易以侵入式的命令或问题去干扰孩子的游戏。相信我，一旦你觉得有必要每天24小时控制孩子，质疑和命令就成为很难打破的习惯了。

令人高兴的是，我看到父母们尽其所能地避免在游戏时告诉孩子怎么"做得更好"，结果很好。一天，一个11岁的男孩选择在特别时间做顿饭。这对妈妈来说是很好的，直到她的儿子从冰箱里拿出一个鸡蛋放进微波炉，她努力在震惊中保持沉默,看着他。很自然地,鸡蛋爆炸了,同时很正常的是,男孩的母亲承认她本来想要吼住他的。但是因为她非常努力地在遵守"不指导,不纠正"的规则,所以她只是平静地说:"你要不看看这个鸡蛋怎么样了?你知道吗,我真的从中学到了点东西,在微波炉里加热某些东西,比如加热密闭容器里的液体,好像会爆炸啊。太有意思了!"。男孩不但没有自我防御,也没有对造成这一团糟推卸责任,反而让他妈妈惊讶的是,他完全靠自己把东西收拾干净了。

规则 2:不提侵入式的问题

这里你将面临一个很难的平衡问题。9 岁以上的儿童经常会觉得"实况转播"的叙述方式呆板又居高临下;与他们在一起,你可能需要多问些问题来表现出诚心诚意的兴趣。相比之下,年龄较小的孩子听到提问时会认出你在问"测试"性问题,而且他们已经听了非常多类似的问题。如果你开始问一些引导式的问题,比如"如果我们把这些积木放在一起,一共有多少?",或者"把哪两种颜色放在一起能得到紫色颜料?",那么 4 岁的孩子会非常生气。问这些问题的意图是要测试孩子的发展或知识量,对此孩子是知道的。如果一定要问个问题,而且是问年龄较小的孩子,你可以试着把问题限制于夸奖层面,如鸡尾酒会式提问"我想了解你的全部"的各种变形:"你最喜欢哪块积木?""如果我们明天去美术用品店,你想要买什么?""你知道这么做有多久了?"。对于大一点的孩子,大声说出问题之前先问问自己:孩子需要停下正在做的事情来回答我的问题吗?这个问题会被理解成指导或者纠正吗?("上次你做这个的时候难道不是用的比较小的一块吗?"或"你确定要把白宫涂成黄绿色吗?")

有时需要敏捷的思考和谨慎的话语。一个小女孩,画了一幅教室的图画,把老师的头发涂成紫色。妈妈不知道该如何回应她。她知道不该这样问"你为什么把她的头发涂成紫色?"(不提问)。她也知道她不应该说"人们的头发不是紫色的，他们的头发是棕色或黑色，或金色的。"（不纠正）。或者"不要把她的头发涂成紫色，其实她的头发是棕色的。"（不指导）。她也不想说"多么美丽的紫色头发啊！"，因为她并没有那么觉得，所以她最终决定用广播的方式描述这一行为："我看到你把她的头发涂成了紫色的。"就像妈妈在对她的画大为赞美，女儿对这种描述感到非常兴奋。关于如何把疑问改成陈述句的建议见第101页。

规则3：有选择地表扬

这是另一个棘手的平衡问题。这一步的目标是要给予关注，不要用夸张（因此也是不可信）的方式过度赞美孩子。当你表扬孩子的时候，应该是非常具体的。尽管有时候说"做得好！"是没问题的，但是当你说"哇，你的手要非常稳吧，这样才能把那块大的放在小的上面，还没把所有的都碰倒！"的时候，你准确地让人知道了你究竟喜欢孩子在做的什么事情。你不仅可以因为孩子做了让人喜欢的事情而赞扬他，比如，"我觉得你把做煎饼的面糊混在一起，还能收拾干净真的很棒"；也可以因为他没做不合适的事情而表扬他，比如"真高兴看到你最近变得这么整洁"。但是，要注意别说讽刺挖苦的话，比如"我真希望你昨天能这么干净！"

如果一定要用一般性的赞美，也要确保自己有很强的技巧。孩子是有洞察力的，没什么新花样的套话总是会被解读成你并不感兴趣，这恰好跟你的出发点背道而驰了。同样的，表扬的延迟会被解读为不自然，所以总是要在值得赞赏的行为之后马上给予表扬。如果犹豫不决，就什么都别说了，因为只要你在场并能注视着孩子，就可以认为是"对孩子本人和孩子的活动感兴趣或者给予积极的关注"。第101页上有一系列表达赞赏的方式，可以辅助拓展技巧。

表达"我支持你!"的各种语句(以及肢体语言)

非语言	语言
拥抱	"我很喜欢你……"
拍拍头或者肩膀	"你……时真好"
爱抚地摸摸头发	"你……真是个大孩子了"
搂住孩子	"你……的方法太棒了!"
微笑	"做得好!"
轻轻一吻	"真有你的!"
竖起"大拇指"	"太棒了!"
眨个眼	"超级棒!"
	"了不起!"
	"亲爱的,你……时真的很懂事。"
	"你知道吗,六个月前你还不能像现在这样做呢,你进步太快了!"
	"漂亮!"
	"哇!"
	"等下我一定要告诉你妈妈(爸爸)你……多棒。"
	"你能……太好了!"
	"你完全是自己做到的——加油!"
	"正是因为你表现得这么好,我要和你……"
	"你……我真为你骄傲!"
	"我总觉我们这样……很开心。"

难点与障碍

问: "我不需要知道怎么和杰丝一起玩。我只需要让他按我的要求做。为什么在这个步骤上浪费时间呢?"

答: 请返回到第93页的练习上,如果你还没做的话,请现在就做完。站在孩子的角度,想想曾经遇到过的最坏的老板,就可以证明这一步的重要性了。如果真的还是没办法认同,那就冒险放手一搏吧,就这一次。我之前解释过,每一步都建立在之前的步骤之上,所以,如果没有其他原因,请完成这个步骤,因为第2步要以第1步为基础才能生效,也就是说,先得提高关注的质量和重视程度,才能用关注的方法来提高孩子对命令的服从度。

无论如何我都有这个信心,只需花一个星期坚持完成特别时间,就会发现它好处多多。特别时间有助于重建亲子关系,这会让你的生活更轻松、更愉快。当你的孩子像大多数人一样,在15~20分钟之后要求再延长特别时间时,情况就会变得明朗起来。

问: "我应该答应延长特别时间吗?特别时间每次有最长时间限制吗?"

答: 一般来说,我不鼓励把特别时间延长至20分钟以上,因为这样很容易就会让事情发展到注定崩溃的边缘。你们两个人可能都觉得在一起相处20分钟很容易,因此你们对相处会产生越来越大的信心。当然就我的感觉而言,如果你和孩子真的很享受这段时光,那么稍微延长一点是没有害处的。

问: "我不太确定给我女儿很多的赞美和欣赏好不好。她会不会每次完成我让她做的一些小事,都希望有这样的回应呢?"

答: 到目前为止,成千上万参加过这个项目的家庭都没有遇到过这个问题,所以我认为你不需要担心这个问题。但是说真的,孩子期望她所付出的努力能得到认可和强化有什么不合理的吗?这正是我们大家都期待的,正如我们对雇主、配偶的期待，对所服务的志愿组织的期待，对年长的孩子和朋友的期待（因为对他们付出了爱与关怀）。在工作中，我们通过薪水得到了强化，如果停发工资谁也不太可能继续回去上班。可是除此之外，如前面"最差上司"的练习所示，我们都希望别人对自己的努力有一点感激之情。这就是孩子想要的，也没什么过分的。有什么理由不愿意表扬孩子呢？我想象不出有比表扬更值得拥有的习惯，而且我认为，至今仍存续的婚姻都基于配偶双方没有任何一方感觉自己是"理所当然"地付出了，因为这句话的意思就是他（或她）对婚姻的贡献没有受到认可。

问："我无法做完所有事情。这种停工期不适合我，我要做的事太多了。难道没别的选择吗？"

答：现在很多人都感觉时间紧迫，对此我虽有同感，但必须指出的是，很多有问题行为的孩子其所在的家庭都有这一症候，也就是它们分配给养育孩子的时间很少或重视程度不够。如果你正在读这本书，并已下定决心要花时间去帮助孩子，那么现在就请不要失去耐心。必须要非常强调这个基础步骤的重要性。我在办公室曾提过这样的建议（只是半开玩笑地说）：为人父母，如果对如此重要的事情连每天腾出 15 分钟都做不到的话，那不妨把孩子送给别人去收养。

如别的事情一样，在这儿也要锻炼自己的创造力。我认识一个 5 岁的孩子，她说她的特别时间是"拥抱时刻"，因为在她父母繁忙的日程中，唯一能安排进去的时间是在小女孩上床睡觉之前。

问："我女儿 10 岁，当时她正从儿童杂志上剪照片，想往布告栏上贴，当我试着接近她，她立刻开始盘问我想干什么。我告诉她我只是想和她一起待一会儿，她说，'哦，是吗'，然后拿着东西走开了。如果她不肯乖乖坐着，我如何能和她待在一起？"

答：一开始要缓慢地逐步开展特别时间，先给孩子 1～2 分钟的积极关注。当你的女儿在做自己喜欢的事情时，接近她，对她正在进行的事情做一些积极的评价，然后离开。慢慢地，你可以每次停留的时间长一些，等孩子逐渐习惯了这种关注方式，你可以做一些观察和积极反馈。如果失败了，那就花点时间跟孩子坦诚相待，告诉她：你注意到这段时间以来，你们两个之间变得难以相处而且消极，你很想努力改善你们的关系。这就是你那么做的原因。大多数孩子会欣赏父母的坦诚，会发现你是真的愿意和他们相处得更好。

问："我的孩子 5 岁。当我告诉他想要每天安排一个特别时间和他一起玩时，他非常生气。'不，你才不会呢！你不想和我玩！'他大叫起来，然后跑出去了。如果他根本不想和我一起玩儿，我要怎么问他想玩什么？"

答：这可能暗示着亲子关系严重受损，可能你要接受一个现实——你需要专业帮助。不过，首先要坦白地告诉孩子你的动机。告诉他，你真的、真的想改善你们的关系，而且如果你在开始时看起来有点笨拙，你对此感到很抱歉，但是你需要孩子的建议，告诉你如何做得更好。真心实意地问一句"我怎样做你才能知道我爱你，而且想跟你好好地相处呢？"真诚往往是关键所在。

问："自从珍妮出生后，我就没有时间单独和罗宾玩耍了。第一次和他坐下来的时候，我完全舌头打结。脑子里不停闪现的全是'疑问句'。我能对他说什么？"

答：试着描述一下孩子的行为，但一定要拿出一点热情。下面这些例子，教你把疑问句重新表述成好奇、兴趣和惊讶的陈述句。

把疑问转换成陈述

疑问句	重新表述为
"你在干什么呢?"	"我不太懂你在做的事儿,但是看起来的确很有趣。"
"你从哪儿学的?"	"我以前从没看你做过这个,我猜你是在学校学的吧。"
"你为什么要那样做?"	"亲爱的,这么做太聪明了。"
"那是什么颜色的?"	"我觉得以前没怎么看过相似的颜色。"
"这个应该怎么操作呢?"	"你知道吗,我真的想看看要怎么操作完成这个任务。"

问: "我们的特别时间进行到一半的时候,拉塞尔开始像往常那样挑战我——顶嘴、学我说话、表现粗鲁,我真的很难跟他继续完成这个特别时间了。我应该怎么做呢?"

答: 在特别时间里,当孩子开始有不好的表现时,你可以直接走开,眼睛暂时看看其他地方。一般来说,立即取消积极关注会让孩子感到懊悔,他会改善自己的行为。实际上如果他那样做了,就意味着,你积极地关注了孩子的正面行为,忽视了他的负面行为,并从中获得了相应的成果。但是,也别期待立刻看到这样的效果。一开始,孩子很可能会把管用的伎俩全都用一遍,而你需要坚持用新技巧对此做出反应。如果孩子的不良行为持续下去,那么就干脆暂时离开当时的情境,可以说"我不喜欢你的玩法,我们过会儿再玩儿吧"。

有一位父亲很困扰,每次在特别时间里,他儿子就会吃一种固定的零食,这时就会嘴里塞满食物跟他讲话。他的"新技巧"就是,每当孩子嘴里没有含着食物说话时,他就会大肆地表扬他,当他嘴里含着食物说话时,他就会默不作声,漫不经心地把目光移开。这个方法几乎立竿见影,孩子吃着东西说话的现象变少了。

问:"我儿子可不傻呢,他很明显地知道可以利用'不指导,不纠正'的机会为自己获利。有一天,就在特别时间,他开始在厨房里到处乱扔吃的东西,用脏话骂我,我站在那里,完全不知道该怎么做。下次发生这种情况时,我该怎么办?"

答:要知道,当你忽略叛逆儿童的不良行为时,他们知道你最终会达到极限,所以很多孩子会将这种行为升级。如果暂时转移注意力对具有破坏性的孩子来说不奏效,最好的回应就是,对他说特别时间已经结束,等他表现比较好时,可以重新开始。然后不留任何商量的余地,起身离开。只有极特殊的情况下,孩子太失控了,你才需要采取常用的惩罚措施。等明天再重新开始。项目的后期你会学到有效的管教方法,取代现在所用的惩罚措施。

问:"这个星期我和儿子每天都安排了特别时间,我真的没有发现有什么不同。他仍然是每件事都跟我过不去。这件事真的切实可行又值得去做吗?"

答:我绝对不会做这样的保证:学会给孩子积极关注就会改变孩子天生的叛逆倾向,也不会保证你家一夜之间就能获得平静和安宁。请记住,你现在做的并不是为了暂时取悦孩子,而是要练习成为优秀管理者的技巧,努力成为孩子行为的深度观察者,并给予正面的反馈。如果你在这些方面有所改进,这项技术就能发挥作用。至于你儿子的行为,请耐心等待。需要好几年才能达到这个目的,情况不会一夜之间就改变。

我从父母们那里反复听到的一件事就是,他们完成了一周的特别时间后,父母和孩子似乎对彼此有了新的认识。"几个月来,我女儿第一次不像躲瘟疫一样躲着我",一位妈妈说,"有时她居然会找我,而不是从学校回到家直接跑到自己房间,头也不回!就在昨天!我突然意识到,当我们在厨房谈话的时候,我们正在进行一场没有事先安排的特别时间,没有争吵,没有审问,只是轻松的母女对话。我在那十分钟的时间里所了解到的她学校里发生的事比之前一整个学期都多。"

有时，父母和孩子彼此都开始更愿意跟对方在一起了，但他们可能对正在发生的变化毫无察觉。你不只是为了得到某种回应而有预谋地对孩子产生兴趣。现在，与你的孩子相处变得越来越有意思、让人羡慕和更有乐趣。特别时间不再是一种义务，而是一种特权。螺旋的方向重新转为向上了。让我们保持这样的状态。

问："汤娅的哥哥和姐姐想和我一起过特别时间，我该怎么办呢？"

答：这完全取决于兄弟姐妹的年龄。如果他们的年龄接近于汤娅，那应该安排单独的特别时间分别和他们共处。如果他们年龄相隔3年或更久，兄弟姐妹一起过特别时间就不太成问题。即使如此，一旦有机会一定要和每个人单独相处一会儿。

问："我可以利用这个特别时间作为奖励或激励，让孩子听我的话吗？"

答：不可以！特别时间是为了让大人练习成为更好的管理者，不是为了奖励孩子之前遵守了要求。也不应该因为孩子当天表现不好而克扣特别时间。特别时间的目的是运用正面管教进行父母教养练习。实际大多数孩子都喜欢特别时间，这只是正面管教的副产品。

第六章

第 2 步：利用表扬赢得安宁与配合

以前……

李正在砧板上切芹菜，她头也不抬地说："诺姆，快点开始收拾玩具车，好吗？你叔叔和婶婶很快就会来家里吃晚饭。我们想让房间漂漂亮亮的，对不对？"

从起居室传出来的唯一声音，是刺耳的电视声。

"诺姆！"李的声音越来越大，"你听到没有？我让你把这些玩具给我捡起来！"

没人应答。

"诺姆！如果你让我再叫你一次，下个星期都别想再玩儿 Xbox* 了！"

"好吧，好吧，"8 岁的诺姆在房间里喃喃自语道。他妈妈从厨房探出头来，对他说："诺姆，我是说，现在、马上！"

诺姆慢悠悠地从地板上站起来，手里拿着一个火柴盒小汽车。妈妈

---

* 一种家用电视游戏机。——译者注

的脸一在视线里消失，他又马上重新坐回地毯上，开始玩了。

这一次，妈妈一路来到了起居室。"好吧，诺姆，开始收拾汽车，收完了汽车，关掉电视，然后去拿一块抹布把桌子上的这块地方擦干净……别忘了顺手收拾一下你的房间，你还没铺好床。"

诺姆又开始收拾小汽车，李就站在旁边，说道："哎，天啊，看看现在有多晚了。"然后冲回厨房。

10分钟后，"怎么样了，诺姆？"

没有回答。

李扔下洗碗布，冲进了起居室家。汽车仍然到处都是，电视还在喧闹。事实上，一切都和她离开时一模一样，除了一件事：她儿子没影儿了。

后来……

李放下菜刀，来到起居室。她把电视的声音关小，站在屏幕前说："诺姆，5分钟之后你必须得收拾玩具。我会在5分钟后回来提醒你该收拾玩具了。"

她回到厨房继续切菜，但5分钟后她回到起居室，并对诺姆说："诺姆，你该收拾玩具了。"她等儿子抬起头看她，才又接着说："请别再玩儿了，马上把玩具车收起来"。

儿子茫然地看着她，她只好问："听懂了吗？"

"听懂了。"他答道，然后捡起另外一辆小汽车。

李弯下腰，从他手里接过车，轻轻地把他的下巴抬起来，这样她就确信他在看着自己。"你现在需要做什么？"

诺姆含糊地说："把我的车收起来"。

"没错，"李高兴地说，一边关掉了电视，"我要把计时器设置为10

分钟，在你清理地板的时候，我就在这里除尘。如果你在计时器响起之前把所有的车都收好了，你可以玩15分钟Xbox，然后再开始做其他的事情。

5分钟后，李先给了诺姆一连串的鼓励，"你做得很好，诺姆！"或者"天啊，我不知道你能这么快收拾好这么多车！"李和诺姆同时完成了家务活儿。

"哇，"李说，"你干得这么好，而且这么快！我们把15分钟的游戏时间改为20分钟吧！"

在"后来"情景中，李做对了每件事，成功地让儿子在她规定的时间里按要求做了事：她给了他"时间条件"警告，然后在指定的时间返回去执行命令。然后她排除干扰，做了一个简单的命令，一次只要求诺姆做一件事，并且确保他在听并听懂了。李为儿子的服从命令提供了动机，她给任务设定了时间限制，然后待在房间里监控，并用表扬让诺姆坚持完成任务。最后，也许是最重要的，她对孩子的成功给予赞誉，因为他所达到的高于要求，所以给了额外的奖励。诺姆可能不会一夜之间成为听话模范，但是随着李坚持这样做下去，诺姆听话的主动性就会增加。

全国各地的家庭中，"以前"情景每天都可能出现，不过也不表示一定会有麻烦。提出要求而不是陈述一个指令，威胁惩罚而不是给予激励，一次提出一连串的要求，这些方式可能对一些孩子或某些场合来说行得通。但是，当孩子已经具有叛逆的危险因素，像诺姆那样。那这种方法，尤其在无法监控孩子的行为和无法表扬孩子的服从行为时，可能会或将会使孩子潜在的行为问题演变成严重的实际问题。

在第1步中，你学会在固定的特别时间里对孩子的积极行为给予正面关注。李报告说，即使实行了特别时间并没有让诺姆比以前听话，但至少"以前"情景没有演变成以往那种难堪的大呼小叫。为了让诺姆开始服从她的意愿，除了游戏，李必须把这种新的关注技巧用于"干活"。如我们在"以前"情景中所看到的，当李让诺姆收拾房间，她并没有关注诺姆（他听见了妈妈的话并且听懂了吗？），在他做家务时她没有监督（他在打扫吗？），她也没有继续跟进（他完成任务了吗？）。她全程也没有认可和表扬诺姆。诺姆给出了同样的回应：他也没太重视这件事。

第 2 步全部是关于使用当前最重要的关注和表扬（强调当下价值观），达成"后来"情景的效果，除此之外就是让孩子去做你要求的事情，并且在你需要做事时不打扰你。整个第 2 步的假设基于这样的事实：你对孩子的关注是基于你对孩子有新的评价，所以要确保你已经完成了第 1 步的内容，成功地学会给予积极关注。

- 回顾一下你记录的"特别时间"日志。你觉得在坚持"不指导，不纠正"原则的前提下，自己在一致地、轻松地给予关注这项能力上有进步吗？重点是，孩子要接收到你的关注，即使他不认可。如果你相信这一周里自己的关注技巧有进步，那他大概就接收到了。

- 如果有迟疑，请核对一周以来你记下的孩子在特别时间里的行为：接近周末时，特别时间中断的次数是不是比开始时少了？孩子对于你安排特别时间的动机开始不那么怀疑了？这些无疑表明孩子注意到了你的关注并因此开始再次重视你的关注。

- 在特别时间之外有什么变化？孩子有没有开始找你？你得到的拥抱比怒目而视多一些？积极关注最直接的一个好处是重建信任和亲密关系。记住，付出终有回报。

- 有时候检验自己是否成功地完成第 1 步，最好的途径就是你自己的感觉。切记，现阶段，事情的关键不是让孩子承认你对他的关注。重要的是你开始学会看到孩子积极的一面。一个明显的迹象是你越来越喜爱你的孩子了，你注意到孩子值得欣赏的特质，了解他发生的新事情（令人惊讶），想有更多的时间跟孩子在一起。

希望你准备好继续向前了。要记住继续实行每周 3～4 次的特别时间。下面是你在第 2 步中需要做的事情。

1. 利用三个主要技巧努力增加孩子的服从度：

    a. 无论什么时候，当孩子服从任何要求时，都要给予关注和表扬。

    b. 建立简短的"培训环节"，快速向孩子提出一系列特别简单、温和的指令（"请把铅笔递给我"），让孩子习惯"服从是件很简单的事"。

    c. 学会给出更加有效的命令。(有机会把关注技巧用在自己身上了！）

2. 当你需要完成一些事情时，如果孩子能够忍住不去打扰你，你就要提供关注和表扬，通过这样鼓励孩子减少对你的打扰。

3. 你要特别注意孩子在家附近和在邻居家时的情况，这样可以让孩子生活中的其他方面不受到叛逆行为的干扰。

增加服从度

抓住孩子有良好表现的时机

从第 1 步中你知道孩子很享受特别时间里你对他的关注和表扬。现在可以看到这种正面后果对服从度起的作用了。这项技术的关键是要"快"，如果能立即回应，关注就会被孩子充分理解。这一周里学到的第一件事是，每次孩子完成你要求他做的事情，你都要悉心地关注他。

1. 本周，每当你给孩子提出一条命令，无论是"去刷牙""做作业"，还是"别再拽狗尾巴了"，你都要与孩子待在一起，并且观察他，千万不要走开去干自己的事，很多人平时都这么做。

2. 如果孩子不服从命令，就像平常一样处理，别提出新的惩罚办法。如果孩子开始服从了，就马上表示认可，比如"我很高兴你按我说的做了""你看你做得多好啊……""谢谢你……"，这些你都可以跟孩子说，用正面关注强化孩子的服从度。

3. 如果实在有必要，可以暂时离开房间，但要确保在孩子执行任务时按时回来。只要孩子按要求做，就要继续表扬。

- 本周，你提出的每个指令都一定要遵守这些指导原则。
- 注意孩子对哪些命令不能持续服从，挑出两个或三个，下周当孩子完成了这几个特定命令时，要尽量表扬孩子。
- 当你发现孩子在你没有提出要求时就表现得很好，那除了表扬以外，还要加进小奖励，比如，小玩具、他最喜欢的零食或者额外的特权。即使是叛逆儿童，有时候他们也可以自主地做正确的事。有一位父亲，儿子5岁了，他告诉儿子他帮大人洗衣服干得非常棒，让他惊喜的是，他看到儿子在接下来的几天里把大家的衣服都洗了。在不经提醒的情况下遵守家庭规则，或者没有父母的命令就完成家务活，这不正是你想要实现的吗？那么，切记不要疏忽大意而与孩子的良好行为表现失之交臂。眼光犀利些！抓住孩子的闪光点！

向孩子示范合作很简单

无论你相信与否，确实可以通过简单的重复训练让孩子服从。就像你学会常规健身的速度有多快，大多取决于你锻炼的频率，孩子养成听话的习惯则取决于他练习的频率。本周使用的第2项技术是建立一个"合作训练"计划。

1. 每天至少找出2~3个时间段，保证孩子在那个时间里不怎么忙，而且没有特别专注于好玩的游戏，否则孩子一般讨厌被别人打断。对于年龄小的孩子而言，因为他们每天的生活作息比较固定，所以可以定在每天同样的时间段里，对大一些的孩子，要注意寻找机会。

2. 现在，在接下来的 3～5 分钟里开始提出 5 个或 6 个连续命令，命令非常简单而且容易执行："请把那本书递给我""你能帮我够一下桌上的铅笔吗""把那扇窗的窗帘拉上""打开灯"等。每个命令的要求都应该非常简洁，孩子只需要付出最少的努力。

3. 就像平时你提出常规要求时遵守的那样，每次孩子按要求做时都要表扬他。
   - 很小的孩子可以奖励一小份他喜欢的食品或饮料。
   - 对大一些的孩子，要给足够的口头表扬。

提出强制性命令

经过多年与叛逆儿童的接触，我发现只要转变发出命令或提出要求的方式就可以大大地改善孩子的回应。这一周，既然你要在旁边跟踪孩子执行命令，那你就可以表扬孩子的配合，同时也要努力完善命令，以达到最好的效果。这里有 7 个步骤和 3 个工具来帮助你做到这一点。

七个步骤

保证你是认真的

许多父母对这个建议表示愤愤不平或怀疑："你真的觉得我会对一个根本不听话的孩子提出一些不必要的要求吗？"我知道你没有意识到自己给孩子提了多余的要求，而这才是重点。有些叛逆儿童的父母非常泄气，最后只能干脆放弃，不再给予关注，不再提要求，而有些父母则养成了提太多要求的习惯。其原因无法完全解释清楚。可能是一种无意识的尝试——"让我们把在这个问题上遇到的所有事情都抛出来，看看卡在了哪里"，以此来确认哪些命令存在问题。或者只是孤注一掷，通过让孩子服从某个命令来更确信自己的能力。

除非你愿意贯彻本章中所给出的原则，否则无论何种情况下，给孩子多余的指令只会增加你和孩子失败的概率。因此，本周你需要做的第一件事情是，向孩子提出常规的每日命令时，在说出来之前克制住自己并考虑一下这个命令的相对重要性。这个命令是优先度最高的吗？这是孩子现在必须要做的事情吗？最重要的是，你愿意待在孩子旁边并贯彻执行吗？如果这些问题中有任何一个回答是"否"，就什么都别说，延迟这个任务或者干脆放弃吧。如果答案是肯定的，无论是积极的还是消极的后果，都要为自己提出的要求做好准备。随着时间的推移，孩子开始理解你对每个命令都很认真，他的顺从度会因此提高。

只要有可能，给孩子预先的警告

上面的描述中请注意，李给诺姆一个"预警"，那就是，命令将在5分钟内发出，这样双方就可以为新活动（收拾玩具）做过渡准备了。这样的警告不仅显示了对另一方的尊重以及对他的时间和活动的尊重，还可以让对方慢慢地结束他正在做的事情，并为要开始的新活动做好心理准备。比起随机切入孩子的活动，发号施令打断孩子，还期待孩子马上服从，用这种"限时"方法给孩子提供指导要更加有效。

告知，不要提问

在本章开头的"以前"场景中，李把对诺姆的命令用问题的形式表达出来，好像她在请求帮助一样，那就是自讨苦吃。这种语句是在直接告诉孩子他有拒绝服从的余地。但你也不必蛮横（就像李在"后来"场景中那样，你还可以说"请"），一旦孩子完全养成了听话的习惯，你可以再提出额外的要求。但目前，请简单地描述你的要求。

保持简洁

几乎所有孩子,特别是年龄较小的孩子,都会被复杂的命令或者同时给出的多个命令搞糊涂。对这种困惑的惯常反应就是不服从你所有的要求。即使你需要孩子完成多个任务,也要坚持一次只提一个命令。等到你对孩子成功完成第一个命令提出表扬之后,再发出下一个指令。如果你的要求很复杂,尽量把要求分解成多个简单的步骤来完成,然后再单独给予表扬(见后面提供的工具)。

确保孩子听清你说的话

如果没有眼神接触,你就无法确定孩子确实在听。我们很多人容易陷入这样的境况:在另一个房间大声喝令或头也不抬地发号施令,同时还继续做之前的事情。如果你真想让自己的指令被服从,就要走到孩子身边,亲自跟孩子说,并且要确保你在说出命令时孩子在注意听。如果有必要,温柔地把孩子的脸转向你,保证他在专注地听。

去除其他干扰物

另一个确保孩子听清你说的话的方法是,去除所有其他干扰因素——电视、音乐、电子游戏或者任何可能会大大占用孩子注意力资源的事情。你可以告诉孩子让他关掉这些干扰物,但是很多父母喜欢自己动手去做,这样他们不必在时机还不成熟之前发出命令。如果你已经给了孩子合理的警告,告诉他你一会儿就会回来让他开始做另一件事,那就不会显得专横无理,如上所述。

确保孩子听懂了你的要求

如果你觉得孩子没有听清或听懂你的意图,比如,孩子目不转睛地盯着你看,他的脸上出现茫然的表情,孩子不应答或者跟你没有眼神接触,那么就让孩子复述你的指令。这样尤其可以帮助专注时间较短的孩子(比如有多动症的孩子），加强他们的服从度。

三种有力工具

用计时器

给孩子任何提示，以示"时间紧迫"，都会帮助他加快行动。很多家长发现，告诉孩子完成任务的时间限制非常有帮助，所以要为这个时间段定时。同样，如果你的孩子有多动症，一定要记住，有多动症的孩子对时间特别没有意识，他们对时间的内部感知几乎不会影响其任务表现。当完成某个任务所给定的时间段有外部参照物时，孩子的表现就会好很多。用计时器可以提供视觉提醒，还可以让孩子知道：时间过得有多快，还剩多少时间可以完成任务。

给予激励

为了增加孩子参与新任务的可能性，可以提供一些激励物，让他能够迅速完成任务。孩子在规定的时间里完成任务可以获得什么？没有完成任务会受到什么样的惩罚？如"后来"场景中李表现的那样，有时候你提供的激励可能会让孩子保持进步，向你想象的下一个目标前进。

制作任务卡

如果孩子的年龄大到可以阅读并能接受常规的家务或任务，那么可以制作任务卡帮助孩子继续进步，并防止孩子对你的意思产生分歧。例如，你想让女儿在"晚餐后收拾厨房"，那你可以用7.5厘米×12.5厘米的档案卡，简单地按顺序写下完成你要求干的活所需的必要步骤。孩子在完成任务时可以随身携带这张卡以做提示。有些父母发现在整个任务中加入时间限制（甚至给每个步骤都加入时间限制），以及一起用上计时器和任务卡，都是很有效的。

> **任务卡片**
>
> 下面是为 10 岁的玛丽亚制作的任务卡片。
>
> 任务：晚餐后收拾桌子
> 时间：20 分钟
> 1. 清理桌子，5 分钟
> 2. 擦盘子，5 分钟
> 3. 把剩饭剩菜收起来，5 分钟
> 4. 把碗放进洗碗机，5 分钟
>
> 完成任务的奖励：看半个小时电视
> 20 分钟之内完成任务的奖励：看 1 小时电视

减少干扰

"本来一整天我都需要有人帮忙做家务和跑腿，而尼基却无影无踪。到我有时间和他一起检查作业的时候，他已经神奇地消失了。为什么好像只有我要打电话、付账单或者读书的时候，他才会在我身边转来转去？"

没办法不受干扰地做事情，在叛逆儿童的父母中是很普遍的抱怨。打电话、做文案工作、在餐桌上交谈、阅读或看电视，都没办法不受到持续干扰，这种情况会呈指数般地增加命令被拒绝、警告被忽视以及自己的意愿也被抵触所带来的挫折感。

从表面上看，像尼基这样的行为似乎是自相矛盾的。但是如果你把它看作是关注的另一个方面，就并不难理解。这种情况也不是不能改变的。

孩子坚持打断你的谈话或者干扰你的工作，是因为这样做可以获得你的关注，如果不去打扰你就没有关注。也许你想认真做晚餐而孩子却不断地烦你，因此你可能会责骂他或者冲他喊。或许你正在跟朋友电话聊天，而小丹尼尔喋喋不休地在你的另一只耳朵旁大喊大叫，你只好中断通话。或者你和另一半最终会因为年幼的儿子不让你们在餐桌上聊聊彼此一天发生的事而发怒，并说道："好吧，波比，如果真的等不及了，请你给我们讲讲你的一天啊。"

解决的办法应该是显而易见的：让"不打扰你"这件事对孩子来说比较有吸引力。在孩子没有来打扰你时给予关注，并且在孩子想打岔时尽量忽略他。这个技巧涉及一些练习，你需要在自己忙碌的时候给孩子一些事情去做，还要定期中断自己的事来表扬孩子没有来打扰你。下一周，遵循下面的步骤，逐渐增加表扬孩子的时间间隔，这样你就慢慢地获得了越来越长的时间做自己需要做的事情。

1. 无论什么时候，当你想打一个长点的电话，开始做某项需要全心专注的工作，或者只是想要安静地休息一会儿时，都建议你找一个有意思的活动让孩子在你不想被打扰的时候去做，并请他不要来打扰你。
2. 现在开始做你的事情，大约30秒以后就停下来，表扬孩子没有来打扰你。
3. 回去继续做你的事情，这一次在1分钟后停下，表扬孩子没打扰你。
4. 持续进行这个模式，增加表扬之间的时间间隔，直到做完自己的事情。

- 在这一周中，你可以挑选2～3个特别棘手的活动来练习这项技术。很多父母发现打电话真的很成问题。如果你的目标是打电话，要考虑找个朋友或者你的伴侣每天往家里给你打几次电话，这样你就可以进行实际练习，又不会惹烦打来电话的人。
- 你让孩子专注去做的事，不应是复杂或者太特殊的，且必须是孩子喜欢的事情，无论是涂色、看电视，还是玩电子游戏。绝对不可以是家务活。
- 如果你发现孩子马上就要停下手里做的事来干扰你，你就马上停下正在做的事，来到孩子身边，表扬他没有打扰你。
- 你可以增加表扬孩子的时间间隔，不只是在一个时间段内增加，还可以在这星期的不同时间段之间延长表扬的时间间隔。
- 这个时段结束时，你给孩子的表扬应该比任务完成过程中给的阶段性表扬更大一些。除了口头表扬之外可以考虑给个小奖励。
- 这个练习要持续到孩子可以独立玩10分钟左右的时候，这取决于孩子的进步程度。但是要记住，你的初心不是为了完成需要的任务，而是要对孩子施以关注并且表扬孩子不来打扰你。

知道孩子正在做的事

研究表明，当父母无法对叛逆儿童进行监督时，他们的行为和社会性表现容易全面失控。也就是说，孩子不只是在你想让他听话或者你需要他安静的时候，才需要你的关注。实际上，你听到孩子抗议的次数比其他人都要多，你跟孩子也会有更多的冲突，因为你是必须对孩子提最多要求的人，但这不表示孩子生活的其他方面都一片光明了，除非朋友和邻居、兄弟姐妹、同学或其他有权威的成年人愿意并有能力满足孩子的每个愿望，否则可能随时随地会出麻烦。

所以你的任务远不止跟孩子面对面交流那么简单。当孩子不在你的视线范围内时，你需要不时地中止自己的活动去检查孩子的情况。进入孩子兄弟姐妹的房间，表扬他跟别人玩得很好，这样就可以拉长他和其他人一起玩的时间。在邻居家玩也是一样的处理方法。虽然一开始像个负担，但并不需要花很多时间。如果不这样做，可以猜得出来，你会浪费大量时间来处理可能出现的不良行为，而实际上你却在忽视孩子。所以对孩子的积极行为给予正面关注，何乐而不为呢？难就难在，要记住经常这样做。这里要再次强调，可以用计时器或带闹钟的手表设定时间间隔，这样会很有帮助。

- 即使用了计时器，也尽量不要让监控模式太死板。如果孩子知道他在特定时间段内必须这样做，就可能瞬间换上一副无辜的假面具。

- 如果在你检查孩子的行为时他表现得不好,马上采取日常的惩戒办法。
- 请不要忽视第 2 步中的这一部分。我们的研究表明,父母对孩子的活动进行监控以便抓住"孩子的闪光点",是孩子是否会发生偏差和反社会行为的决定因素之一。

打电话:正确方法和错误方法

错误的关注	正确的关注
"丹尼,我现在马上要给爸爸打电话,他正在上班。如果你来打扰我,你就得提前一小时开始睡午觉……"(妈妈拨了电话号码)	"丹尼,我现在马上要给爸爸打电话,他正在上班。在我打电话的时候我想让你把这个狗狗图片涂上颜色。不要打扰我啊。"
"嗨,宝贝,是我。我想让你知道,我可能会不在家,当你……稍等一下,亲爱的……"	"嗨,宝贝,是我。我想让你知道,当你回家时我可能不在家。(看到丹尼正要从桌子边起来。)稍等一下,亲爱的……"
"丹尼,马上把电视声音调低点。我一句也听不清爸爸在说什么!"	"丹尼,你能让我和爸爸通话,真是太棒了!继续坚持!"(丹尼又坐回到椅子上。)
"对不起,亲爱的——我真不知道怎么对付这个孩子了。所以关于今晚的事情——"	"对不起,宝贝。总之,我要带丹尼去牙科诊所,我们可能会回来得晚。再等我一下,好吗?"
"丹尼,赶紧把这个放下!你知道不可以用妈妈的剪刀。"	"丹尼,你做得太棒了。谢谢你帮了个大忙!"(弯腰亲亲丹尼的脑袋。)

错误的关注	正确的关注
"我最好快点弄这个——" "什么？不，你现在不能吃零食，你刚吃完早饭。" "好吧，所以——" "丹尼！关上冰箱门！我说了现在不可以吃零食！" "我想跟你说的是——哎，稍等一下……" "好吧，先生，我跟爸爸说话的时候你最好保持安静，不然有你好受的！"（妈妈抓起丹尼的手，把他拽到自己身边，同时再次拿起电话。） "总之，我可能不在家……什么？噢，格蕾丝，是你。什么？他必须去工作了？好吧，（叹气）我待会儿再打给他。" "丹尼·约翰森，你现在立马回房间，待在那儿别动，等着我回来，看我要怎么收拾你！"	"所以，你回家的时候如果我们还没回来，你可以把炖肉从冰箱里拿出来放进烤箱吗？这需要在350度下烤1小时，你设定好时间就行，我回家以后会检查……再等一下……" "哇哦，丹尼，你太棒了。继续涂颜色吧！" "我有点担心丹尼磨牙的问题，我想跟格林纳医生谈谈。我们可能很快就要回去复诊，但是下一次我会尽量把时间约在早上。你知道的，快到傍晚的时候，不是丹尼表现最好的时间。哦，好吧。（富有感情地握了下丹尼的肩膀。）我看看能不能让他先多睡一会儿。老兄，这会儿他真的一个人待着呢。你回家的时候或许可以提一下这件事。好啦，你继续工作吧，晚点见！" "丹尼。你让我打完了电话，真是帮了个大忙啊。我和爸爸都为你感到高兴。午饭前玩个"梯子和滑道"的小游戏你觉得怎么样？

难点与障碍

问:"我们的儿科医生一直建议我们不要把食物作为奖励,因为当食物的角色被超出其本身来对待时,有可能会引起进食障碍。那为什么你却推荐把零食和点心作为孩子听话的奖励呢?"

答:目前尚未有研究表明偶尔把零食作为奖励会引发肥胖或者进食障碍。如果你比较担心这件事,只需要确保用小份的点心、无糖汽水或零食,不要给一袋子或一整罐食物。也要尽量用比较有营养的零食作为奖励,但是确定这些零食一定是孩子非常想要的。马可能会为了吃一根胡萝卜而去干活,但孩子却不会。

问:"我只不过想在孩子不干扰我打电话时表扬他,但是我还没有发现他能超过 15 秒不朝我唠唠叨叨。如果他不打扰我的时间从没有达到可表扬的程度,我怎么才能开始练习呢?"

答:换不同的场景进行练习,那也是你不想受到干扰的场景,比如准备晚餐,跟你的另一半聊天,或者准备读一本杂志时。

问:"从这周开始做的事情好像都没有用。我尽可能在詹姆斯表现好的时候表扬他,虽然唯一能定期表扬他的地方是他不来打扰,我留出了'服从练习'时间,但是他通常会找个借口跑掉。为什么我做了这些还是没有让他听我的话?"

答:对有些孩子来说,表扬需要很长一段时间才会有效。请保持耐心并且在接下来的几周里继续坚持。首先,保证你表达的是真正的赞扬,而不是尖酸刻薄的话或是冷嘲热讽。其次,对于有严重叛逆行为问题的孩子,可能光有表扬还不够。但是无论如何还是要坚持,因为这会为你接下来的努力奠定基础(也能让你感觉好一些)。请放心,在第 2 步中我将向你介绍一个技术，在提高孩子服从性上它比表扬更有实效。

同时，本周你还是要尽量把注意力放在改善自己的行为上，而不是孩子的行为。那是你的初级目标，而孩子的行为转变将会随之而来。

问："我女儿 9 岁了，她是个聪明、多疑的孩子，她绝不会只看事情的表面现象。当我突然开始对她每一次的同心协力加以表扬时，特别是她没来打扰我的时候，她就瞪着我，然后一如往常地做自己的事情。现在她开始问我'到底想干什么'。对于我做的事怎样才能坦诚，不让她感到被操纵？这是她最抗拒的一点。"

答：许多父母发现，要学会这些技巧并且不让孩子感到不自然，是很难做到的，而这种不自在一开始即表现在如何对待孩子上面。在第 2 步中，很少有家长觉得难以理解表扬的重要性，或者难以理解技巧的运作方式，但很多人发现，一旦他们开始把这些技巧付诸实践，就不那么容易了。我只能说，随着时间的推移，运用这些技巧会变得越来越容易。如果你和孩子的对话方式经常是尖酸刻薄型的，那么要转变成对孩子的听话顺从大加表扬，对你来说是有难度的。这时候你要特别警醒自己，要避免你对孩子的赞扬被他理解成刻薄的评语或者变成冷嘲热讽。

切记，你做的所有事，都是因为你对孩子的爱，你想要帮助他，你要尝试真诚、发自内心的回应。你可以简单地说句"我在努力改变我的表现，这会让我们两个人相处得更愉快"。有个小男孩，当妈妈因为他没来打扰而开始表扬他时，他问她是不是疯了。妈妈的回答完全令其满意："不是的，只是我觉得很多时候你做得特别好，我却没告诉你。"

问："珍妮特总是不理我，她经常那样，当我试着与她进行服从性练习时。她连看都不看我一眼，我感觉无论继续向她提什么琐碎的要求都是很傻的。我做错什么了吗？"

答：并没有。实际上，如果你忽略她不理你这件事，就会觉得每件事都顺了。如果你已经在指定的3~5分钟的时间里坚持了，那么等会儿再试一次，可以在你女儿已经比较接纳的时候，比如当她和你说话比较亲切的时候。有时候在一开始就抓住孩子的注意力，会让他们没有机会思考，因而会服从你的简单要求。

如果这些都失败了，可以试试一位妈妈的妙招：蒂娜说她的儿子从来不会马上接受她的要求，所以在服从性实践练习上她真的气场不佳。当她在某个时间段里尝试用以下这组要求时，情况完全反转了："给自己拿瓶可乐""给自己取一些曲奇""给自己拿个冰激凌"。这位小男孩，下次一定会接受要求吧！

问："我做每件事女儿都会来打扰。她不怎么听我的话，但也绝对不走开。她就站在旁边，不停地对我喋喋不休或发牢骚。如果我不回答，她就开始拉我的衣服，甚至打我。我都不知道从哪儿开始练习让她不再打扰我。"

答：在这样的情况下，设定优先事项并稳步开始是非常重要的。举个例子，你每周都花一小时做家里的文书工作，一开始不要把任务放在这一个小时里。相反，选择一般来说比较简短的活动。有位妈妈最后决定，最想练习不被打扰的时候就是她在洗手间时！但为了做到这一点，她得建立训练课程：假装要去洗手间，这样就可以让孩子经常练习当她在洗手间时不要来打扰。

问："我用你教的方法给出更好的指令，我觉得我已经做得很好了，但还是没有得到很多的回应。我告诉儿子嘴里吃着东西时不要跟别人说话，而他瞪了我一眼，继续这样。我让他不要在地板上跺脚，他就跺得更大声。我让他别再逗他妹妹了，他就偷偷摸摸地去逗她，我该怎么办？"

答：再看看你刚刚提到的一串指令——它们都是负向的。有时改善指令的最佳途径是把它们变成正向的。我咨询过一位父亲，当他对儿子说，想让他做什么，而不是让他不去做什么时，他非常惊讶地看到这样的命令引起的差别。例如，他以前经常这样说"不要把鞋扔在客厅中间"，之后他发现鞋子真的就在那儿。反之，当他说"把鞋子放进鞋柜里"，最后鞋子就会放到那里。

跟你儿子交谈时，不要说"别一边吃东西一边说话"，试着说"吃完这口饭，再说话"。不要说"别在地板上跺脚"，而是说"在家里把鞋脱掉，脚就不会出太大的动静了"。不要说"别再招惹你妹妹了"，不如说"接下来的15分钟干点自己的事吧"，或者"要是你把挑棍子游戏拿来，森迪会很愿意跟你一起玩的"。

问："我们已经成功地改变了向女儿提要求的方式，但有些命令她还是置若罔闻，我也不知道为什么。请求帮助！"

答：回想一下她完全拒绝去做的事情。首先，确定你女儿真的有能力按要求做，有些父母给孩子安排远远超出他们发展水平的任务。其次，你确定她听懂了你的意思？有些父母指令给得不够具体，孩子因此也就无法完成，也不愿意服从了。一对夫妇，他们一直这样要求儿子"晚饭前关掉电脑"，儿子拒绝服从命令。这让他们很沮丧，但他们最终通过观察意识到，儿子玩电脑太过投入忘记了时间，根本没意识到已经到了晚饭时间。最终他们想到了解决办法，他们拿来一个带计时器的大钟放在电脑上，问题就解决了。

问："对于'打电话时没来打扰'这件事，我一直没鼓起勇气来表扬我女儿，因为在我的经验中，对待她最好是'不要自找麻烦'。过去每当我尝试在她独立玩耍时奖励她，她就立刻开始捣乱。我怎么相信这次能成功呢？"

答：在那种情况下，如果孩子捣乱你会怎么做？有可能你会跟她一起待在房间里，教训她一顿或者额外地注意她，这更强化了她的不好行为。她只学到，只要挨顿训就可以让你多关注她一会儿。在这项练习中，你要忽视她的不良行为，彻底离开房间，避免她闹起来。

同时注意，如果你不开始对孩子的独立玩耍给予奖励，那么该行为的频率是不会增加的。事实上，它会随着时间的推移而消失，因为如果你不去注意，也不表示赞赏，孩子会觉得失望。请试着去奖励孩子，一定会有效的。

问："我不太理解这回事：中断我的事情，然后这样孩子就不会来打扰我。这样我还怎么能干完活儿呢？"

答：的确，一开始你必须不停地中断自己的活动，以强化这个练习的效果。如果对你来说这是个大问题，那么试着仅限于在不那么重要的活动上练习，但是仍然是你不想被打扰的活动，比如社交电话或者不急着马上完成的任务。不管目标是什么活动，如果一直遵循书中的指导策略，并且逐渐加长表扬孩子的时间间隔，那么，用不了几天的时间，你活动时不受干扰的时间会明显变长。可以这样看这个问题：你的活动已经频繁地受到孩子的干扰，而且你在关注孩子的干扰行为，所以拿出同样多的关注让孩子不来干扰你的活动，何乐而不为呢？起码这样会大大增加这种可能性：孩子到最后会在你必须忙碌的时候不来打扰。像你现在这样，纠结于孩子的干扰行为，必定导致孩子将来出现更多的干扰行为。

问："下周，我能不能在孩子待在另一个房间的时候延长去检查她的时间？我觉得已经浪费了超多的时间，没办法去完成第 2 步的其他内容了。这项内容好像也不怎么重要。"

答：我想，忽视才是快乐至极的吧。许多父母，无论孩子是不是叛逆，他们不知道在自己目所不能及的时候，孩子在做什么。所有孩子都会偶尔在不受监督的时候展现出另外一面，当然，作为父母都希望即使在我们不在场督促的情况下，孩子也能照做教给他们的事情。然而对于叛逆儿童来说，在这方面有过多期待是不太现实的。我在讲练习时提过，有太多的诱惑和太多的状况，会招惹孩子犯错。假如你可以时不时检查一下孩子的情况如何，一定会帮助孩子改善各种关系。除此之外，研究表明，缺乏监管是反社会行为的主因之一，比如偷窃、说谎、破坏公物和其他隐秘活动。只要养成监督孩子的习惯，将来你就可以省很多心。

第七章

第3步：口头表扬不够时，要给予奖励

以前……

"伦尼，咱们看看你能不能在20分钟内完成数学题，我用计时器定个时"。

伦尼猛地坐回桌前的椅子上，叹了口气，把数学练习纸拽到自己面前。他妈妈坐在房间一角的椅子上看着他，直到他拿起铅笔才低下头接着看书。

大概2分钟以后。凯西又抬起头，轻轻地说："伦，你这么专心，我为你骄傲。"

儿子笑了笑，但继续做作业。

几分钟以后。凯西听到伦尼在椅子上挪动，脚在地板上蹭来蹭去，作业纸在桌子上沙沙作响。她马上抬起头说："干得好，伦，继续坚持"。

那些声音还在继续，伦尼坚持完成作业。

又过了几分钟，现在伦尼正在清嗓子，用铅笔敲桌子。凯西催他继续写作业，她说："你的数学作业完成很多了吧，不要放弃——你很棒的！"

凯西再一次从她的书中抬起头来，是因为从伦尼桌子那边发出的噪声突然停止了。现在他凝视着窗外，脸上神情恍惚。凯西走到桌子跟前说："我看你已经完成一半了，伦，做得真棒！"

伦尼回去继续写作业，同样的模式一直持续到计时器响起。

凯西站起来检查伦尼的作业。从开始盯着窗外看开始，他只完成了一道题。"没关系，亲爱的，你真的做得很好。我们看看能不能把这个做完"。

凯西不情愿地把书放在她儿子的床上，把她的椅子拉到书桌前，说："现在，让我们看看……"

20分钟后，在妈妈的陪伴下，伦尼完成了数学作业。楼下客厅里，丈夫问凯西情况怎么样。

"我觉得跟往常一样，"她回答，"他做完了作业，我们没有因为这个再弄出很多冲突，但我不知道这次作业的成绩单该谁拿。好像我必须每分每秒在他身边，他才能做完作业。我开始觉得根本没有自己的生活了，我只是伦尼的影子。"

后来……

"伦尼，咱们看看你能不能在20分钟内完成数学作业。我会设好计时器，如果你在铃声响前完成，就会得到10分。别忘了你特别想要的公牛队球衣啊！"在她离开房间之前，凯西拍了下她儿子书桌上方的挂图上的公牛队徽章。挂图上显示了伦尼完成各种任务能获得的分数，以及获得各种奖励和特权所需的分数。

1分钟后，凯西悄悄地把头探过门去，确认伦尼在做数学题。他似乎很专心。妈妈看到伦尼正像她教的那样：每次完成一个题目，都抬头看看挂图和计时器。

"做得真好，伦！"她说，并给了他一个大拇指和一个大大的微笑，然后再溜出来。

10分钟后，凯西在客厅里拿着自己的计时器，她又回去看了看儿子。他的膝盖在桌子底下疯狂地晃动着，她听见他自言自语："加油，再来三道题就好了。开始吧！"妈妈轻轻地拍了一下挂图上的公牛标志，说："别担心，伦。我知道你会做完的。做得很棒！"

在她离开房间之前，儿子朝她笑了一下。

凯西把她的计时器设置为18分钟，这样到了20分钟的时候，她就会在伦尼的房间里。她进来的时候，正好看到他把铅笔扔向空中，大喊："2分！""不，是10分，伦。孩子，我以你为荣！"凯西从她的口袋里掏出一支笔，手一挥，在一本标有"伦尼银行存折"的笔记本上，在"存款"栏加了10分。

"亲爱的，你按时把所有作业都做完了，今天你拿到了30分。所以你要什么呢——看电视？还是骑自行车？"

"我想用掉20分看会儿电视。然后剩下10分给公牛队球衣。"伦尼宣布说。

"很好。"妈妈回答。她和伦尼击掌了一下，然后走开了。

如果你觉得自己跟"以前"场景中的凯西很像，那你就会认为在第2步上花费的时间很值。孩子在不受监督时可能仍然表现得不好，但是你在行为上所做的改变，应该已经让你们之间的问题获得了明显改善。

也许现在，你只需要做忠实的拉拉队队长和教练，儿子就可以完成家庭作业。也许你向女儿提了最简单的要求，她也没有跺着脚走出房间，因为你正竭尽全力让自己不像在说"我知道你要因为这件事跟我吵架"。如果是这样的话，你就可以满意了，因为你已经完成了第2步中最重要的事情：当你需要孩子的配合时，请重新组织你要说的话。

因此你们之间的关系可以更好，不只是在特别时间里这样，在一起完成日常事务时也应该这样。孩子获得了你的支持，反复练习你要求的事情，这两件事的组合效应是，让孩子觉得为了争吵而争吵没什么意思。而且现在，你只在很认真的时候才会发出命令，因此你们俩之间对抗的机会就更少了。

当然，你并不想仅仅满足于此。没有父母想要体验凯西的那种感觉——像一个永远不会下班的哨兵。幸运的是，你有另一种激励办法，用不着不间断的监管就能让孩子配合。在第3步中，你将学习如何通过奖励让孩子行为得体，奖励不只是表扬和关注，而且是有形的物品，比如玩具、糖果或电子产品，以及孩子所珍视的额外的特权。你可能已经意识到物质激励有多强大了，为了强化孩子在行为上表现出的明显进步，很多人已经一边给表扬，一边给孩子奖励些小点心或者玩具。把给予奖励的过程系统化，确实会成为一个强有力的工具。通过这个项目向我咨询的家庭中，超过半数已经看到孩子的行为问题在第3步之后几乎完全消失了。

为什么像伦尼这样的孩子需要额外的帮助呢？如你所知，很少有孩子单单因为学了叛逆的行为才表现出叛逆的。许多人天生就难以集中注意力和控制自己的冲动。因此，正如你在第2步中学到的，对孩子来说，改变你的行为可能会让他们更容易与自己的天性对抗，但是孩子难以预测未来以及难以自主地延迟满足的特质是不会消失的。要说服孩子养成这样的习惯——立马停下自己更喜欢的事情转去做父母要求他做的事情，那你得给孩子点他们渴望得到的东西才行。换句话说，打一"棍子"要给颗"糖"。

要了解奖励的成效多大，你都不用深究自己的经验就能知道。为了能在年底拿到奖金，你有多少次放弃了晚上马上回家的念头？我们当中，谁没有过这样的意志力——为了明天穿上更合体的衣服，今天晚上只好推开一块芝士蛋糕（起码偶尔是这样吧），不听话的孩子也一样。他们只是需要更频繁、更直接、更具体的奖励。这就是第3步要给他们的：一种每天无数次赚取"分数"、换取奖励的方法，这样他们就能看到自己越来越接近他们想要的东西。

没什么可奇怪的，每个人都可以使用这个工具。我强烈推荐对所有4岁的叛逆儿童或每个年龄的孩子都采用这个工具，即使通过第2步的方法，孩子已经有了很大的进步。奖励系统会加快孩子的进步，可以持续把孩子的行为推动到正常范围，甚至在你停止使用这个系统之后，也可以使这些改变成为永久性的发展。

如果你的孩子才3岁或者更小，要让孩子听话，请坚持给他直接、有形的奖励，比如给孩子一小块点心、贴纸或者小玩具，或者跟他一起玩个简单的游戏。小年龄段的孩子可能没办法理解用筹码或积分表示奖励和特权的概念。即使理解，他们的数字能力也会给活动带来难度。

本周你要做的是建立一个代币系统，通过这个系统，你可以要求孩子做事，孩子完成了之后会获得筹码或积分，然后可以把这些代币兑换成奖励或孩子重视的特权。为什么不能像现在这样简单直接地当场给孩子点东西呢？当你为了鼓励孩子的积极行为给出了一定数量的奖品，那么小点心和糖果很快就会失去吸引力，因此同时也失去了它们激励孩子的效力。你需要的是各种各样的奖励，其中一些比较大，而且大部分实际都是不能当场就得到的。如果孩子还有科学作业和阅读任务有待完成，那这时你就不能因为他完成了数学作业就奖励他看15分钟电视。我想你也不愿意中断自己的写作，花30分钟时间跟孩子玩儿，以此来奖励她10分钟没来打扰你写作。答案是，因为孩子听话马上给他积分，这样能保持孩子听话的主动性，奖励要有形并足以激励孩子，而且能够在之后兑换成具体的特权。

听起来像个游戏，对不对？就应该是这样的。整个计划应该以积极的态度进行，并作为一件有趣的事情推进。让事情变得有乐趣，用道具发挥创意，孩子也会以同样的热情参与这个计划。

对于4—7岁的孩子来说，为了鼓励他听话，你要奖励扑克筹码（或者其他一些小的代币）；对于8—12岁的孩子，你可以采用手写的积分系统。两种方式，无论哪种都能让这个系统一整天都简单易行。可以按照以下步骤来操作。

4—7 岁儿童的家庭扑克筹码计划

1. 准备一套标准的塑料扑克筹码套装——很多人家里本来就有。如果你的孩子只有 4 岁或 5 岁，那白色、蓝色和红色筹码都设计成同样分值的筹码或积分。如果你的孩子是 6 岁或 7 岁，就可以用扑克牌的方式来使用这些筹码：白色＝1，蓝色＝5，红色＝10。如果是那样，可以取每种颜色的一个筹码粘在卡片上，并标出每种颜色的值。把这张卡交给孩子用作提醒。

2. 找个安静的时间向孩子讲解这个系统。为了保证积极的口吻，你要告诉孩子，你觉得对于他在家里的良好表现，给他的奖励还不够。为了改变这种情况，你要开始对他的好行为给予筹码奖励，这样孩子就能赚取自己喜爱的奖励和特权。

3. 把扑克筹码拿给孩子看，向他解释，完成某些工作他就可以赚到这些"钱"，并且说明做不同的工作可以赚到不同数量的筹码：越难、时间越久的工作，就可以挣到越多的筹码。事先声明，孩子只有在你提出要求的第一时间去做并且只有当任务完成时，才能获得筹码。你可以这样说"如果我需要提醒两次你才去铺床，那你不仅要铺床，而且一个筹码也得不到"。或者"如果我告诉你去铺床，你马上跑过去铺床，但是没完成，那你也得不到任何筹码"。

4. 一起找个东西来当"银行"，用来保存筹码：带灰色边的咖啡罐、鞋盒、塑料罐，或者其他容器。让孩子协助设计"银行"。然后你们俩可以高高兴兴地装饰它。

5. 制作一个特权清单：问孩子当他表现好时想要什么。大多数孩子会先选大的东西，像最喜欢的外出活动或者一些因为贵重或不方便而不能经常得到的东西。继续列出这些东西，但是确保把日常生活中的特权也加进去。目标是 10～15 项特权，其中三分之一是短期的，三分之一是中期的，三分之一是长期的。例如：

- 5项短期特权：看电视、玩电子游戏、上网或使用社交媒体、骑自行车、放学后叫朋友到家里来。
- 5项中期特权：超过睡觉时间可以不睡觉、观看特别播映的单集电视节目、在朋友家过夜、跟爸爸或妈妈一起烘焙饼干、选择家人晚餐的菜单。
- 5项长期特权：去餐厅吃晚餐、租光盘、跟朋友举行聚会、去游乐场或者看电影、买球队的运动衫。

6. 现在要列出孩子完成之后能挣到筹码的任务了。这些任务可以是刷牙和穿衣服这样的日常个人事务，也可以是摆放餐桌和扔垃圾等家务活，或者是家庭作业和给狗喂食这样的任务，以及社会性行为，如不要打弟弟妹妹或者与来访的朋友分享玩具。对此有几个重要的指导原则：

   - 孩子应参与制定列表，但是对于要包括什么内容你应该有最终的话语权。
   - 回顾第一章的问卷。如果当时在那个表上认定的问题现在已经完全不同了，那么请重新填写。现在这张表会提醒你，孩子的行为在哪些方面问题最大。如果洗漱是大问题，列出这些个人任务，你就可以鼓励孩子去完成这些任务。如果争吵是主要问题，就把不与他人吵架列为可以获得奖励的目标。
   - 如果你要列出不想让孩子去做的事情，要做好准备，留出一个时间段让孩子摒弃这种行为、挣到积分，例如在早饭到午饭的时间里不与大人争吵。
   - 一定告诉孩子，当一件事他做得很快或者完成时态度愉快，那他有时候（但不会总这样）会得到额外的筹码。

7. 现在要给每项工作指定可以挣到的筹码数。对于比较小的孩子（4岁和5岁）每项任务固定为1～3个筹码，而像把客厅或游戏室的所有玩具都收拾起来这样的大任务，可以给5个筹码。对于6—7岁的孩子，每项任务可以给 1～10 分，依据任务的难度和责任的高低水平。

8. 现在要确定孩子要享受列出的每项特权需要付出多少筹码。这是你其中的一项工作。首先大概算出孩子在普通的一天中可以赚到多少个筹码。我一般建议家长确保孩子当天挣到的筹码中有三分之二会用来换取那天要用的特权。这样孩子可以用存起来的另外三分之一来兑换长期特权。在这一点上不要太过于精准。只是确保大的奖励要比日常特权对应更多的筹码，并且尽量公平。

一个 5 岁或 6 岁孩子也许能在某个工作日挣到 30 个筹码，下面是一张相关的简表。

特权	代价
看电视或上网（半小时）	3（底线：2 小时 / 上学日）
视频或电子游戏（半小时）	3（底线：1 小时 / 上学日）
户外玩耍	1
骑自行车	1
从盘子里挑选特别的甜品	1
经父母允许，到规定时间后不睡觉	3（每半小时）
叫一位朋友来家里玩	5
去朋友家里玩	5
租游戏或电影光盘	20
外出吃快餐（孩子自己选）	30
在朋友家过夜	30
看电影	50
买一件特殊玩具或物件	可变：（1 个筹码 = 20 美分）
补贴：每周 2 美元	10

要注意，孩子要得到普通的常规特权需要 20 个筹码。但要公平，

如果有争议，也可以便宜点。也就是说，如果不太确定价码，先试试比较低的，这样孩子会觉得比较合情合理。只有在自己亲自尝试之后，你才会知道做起来比听起来容易。一旦你了解了孩子正常一天可以挣到多少筹码，你才会感觉到怎样做比较公平。例如，如果一个孩子一天赚到30个筹码，我们想让他在常规特权上花掉20个筹码，看半小时电视应该花出去20个筹码吗？当然不应该。但是它也不应该只花掉1个筹码吧，那样的话，20个筹码能让孩子看10小时电视！

每看半小时电视或打半小时电子游戏，家长一般会收大概3个筹码。同时，我们想让孩子做一些有益身心的事，比如天气好的时候出去玩，所以对这个特权，我们可能只向他们收取1或2个筹码。

把第一周当作一次"试航"，也就是说你将在此期间发现分配的筹码是否合理，然后随着计划的推进而变化。第一周的时候大概会有一些调整，但我咨询过的大多数家庭都没觉得设立公平的奖励-特权制度是很困难的事情。还要记得，孩子在这个调整中是有发言权的，也就是他的意见对计划要有一定的影响力。

9. 提醒孩子怎样获得筹码：在第一次提出要求时能完成任务；态度特别好时给额外奖励；做了没列出来的其他好行为，比如在你工作时不来打扰或当你打电话时不来打断等。

确保孩子理解整个计划，告诉孩子你会在第二天正式开始这个计划。开始执行时要切记，第一周里最重要的事情是：给孩子发筹码要特别慷慨。如果孩子不能轻易获得筹码就不能得到特权，那么计划很快就会失败，因为，没有筹码等于没有奖励，等于没有动力表现得好！

8—12 岁儿童的家庭积分系统

将本代币系统用于 8—12 岁的儿童时，这个系统会稍微复杂一些，需要孩子负更大的责任，相应地需要挣到更多的积分，当然也会给予他们更大程度的奖励。因为这次你只使用一个笔记本，而不是扑克筹码银行了，所以这一系统显得尤其机动灵活，大多数家长认为这对逍遥派的三至七年级学生很有用（会在第 6 步中讨论在家以外的地方使用这个系统）。以这种方式建立这个项目。

是权利还是特权？

谈论奖励和特权对孩子来说自然有吸引力，他们都太习惯围绕惩罚和没收来进行的讨论。虽然大家有积极性，但是这个过程也有它的陷阱，以下是一些需要注意的事项：

确保包括了一系列特权。孩子会时不时冒出些疯狂的念头并想要加到清单里。而你需要从另一个方向去考虑，用例如看电视，找一个小游戏跟爸爸或妈妈（或两人都来）一起玩儿，或者放学后叫朋友来玩儿，这样的小特权来平衡外出去游乐园和购买贵重玩具这样的大特权。这样做有两个原因：（1）希望孩子每天都能获得特权，使孩子更有动力去做事情，（2）让孩子不断地提醒自己所取得的成功。

谨慎地区分权利和特权，让系统公平合理。不应该对孩子的生活必需品收取筹码，比如食物、住所、衣服或拥抱，这些都是孩子最基本的权利。但是除此之外，在权利和特权之间的界限因家庭和孩子而异。在我们的一个家长培训小组中，出现了一个有意思的差异，这是关于少年棒球联盟的。一对夫妇认为参加联盟是他们儿子的权利，也就是说，他们永远不会因为这个收取筹码，他们永远不会从他手中剥夺这个权利，看到他参与积极的社会活动对他们来说是很重要的。小组中的另一对夫妇则觉得少年棒球联盟是一种特权，因为从他们的角度看，这需要付出很多时间和花费，这对父母觉得每次活动都要对儿子收取扑克筹码才是对的。

要有创造性。如果你列出的内容缺少多样性，孩子很快就会失去努力争取特权的兴趣。所以，清单不要仅限于孩子已经享受到的特权，请发挥你的想象力找出新的可能性。观察孩子在业余时间做什么，或在谈话中表现出感兴趣的东西，考虑把这些活动作为新的奖励。有些父母发现了以下这些对孩子有吸引力的点子：有机会尝试最新的早餐麦片，从一大堆卡里选择一张棒球卡，从摸彩袋里掏出一个惊喜，或画漂亮的指甲。

提前预测孩子可能选择某个奖励的频次，并在必要时加以时间限制。有个家庭，他们把晚餐吃什么放在特权清单里，但在吃了一周的通心粉、奶酪、比萨和热狗之后，父母决定把这个选项限制在一周一次啦！

1. 买个标准的 210 毫米 × 297 毫米（差不多一张 A4 纸大小）的笔记本，然后在封面贴上标签，把它用作孩子的家庭积分记录。同样，和孩子一起或让孩子自己把它装饰起来，这样看起来更受人重视。像真正的支票簿那样设置五列：日期、项目、存款、取款、余额。向孩子解释，无论什么时候他因为听话得到奖励，你都会填上日期，在"项目"栏中填写工作或行为的简短描述，在"存款"栏中填上获得的积分，然后在"余额"栏填上新的余额。当孩子花掉分数换取奖励或者特权，在"取款"栏填上用掉的数，在最后一栏把用掉的数减去，得出新的余额。告知孩子只有你能在笔记本中填内容，孩子本人是不可以填写的。

2. 用与扑克筹码计划中所述的同样方式，跟孩子一起制作奖励和特权清单。很明显，这个清单要反映出孩子属于比较大的年龄段。

3. 现在，给代币计划列一份工作表。由于大一点的孩子比小孩子做家务活儿的能力可能更强，因此你所列的任务可能会比较复杂，需要较长的时间。

4. 现在为每项工作或行为分配可以挣到的点数。同样，因为这里的工作可能比小年龄段孩子的难，所以要分配更多的分数。我通常推荐给日常工作 5～25 分，而对于非常大的工作，我建议最多 200 分。一个原则就是，不管是做家务还是做作业，一开始你可以每 15 分钟工作给 15 分。对于想尽量减少的行为，通常在每段时间内给比较少的分数，比如 15 分钟没有不当行为给 5 分。但是这取决于孩子要规避某个不当行为有多难。你觉得孩子控制冲动越难，对成功的奖励分数就要越高。

5. 如筹码计划中所解释的，计算出孩子一天中可能赚多少分，以确定每一项特权的成本。同样，确保孩子能够留存每天所获分数的三分之一，为以后换取更大的奖励。

如筹码计划一样，把这个计划付诸实施。

代币系统中的"做"与"不做"

- 不要跟孩子说，因为他总是表现不好，所以你要剥夺他的特权或者他得重新把特权挣回来。
- 不要用减少筹码的方式来惩罚孩子的不当行为。这项计划现阶段只用来激励孩子好好表现。
- 第一周发筹码不要吝啬，哪怕是非常小的好行为也要奖励，即使它不在奖励清单上。
- 一定要确保父母双方都在使用这个计划。
- 如果命令需要反复说才行得通，就不要给筹码或积分。
- 完成任务才给筹码或积分。
- 给孩子奖励时不要等。孩子完成任务之后要立即给他筹码或分数。
- 用表扬强化奖励，发筹码或分数的时候要面带微笑。

- 对于孩子因为做了什么才挣到了筹码或积分，要说得具体，即使这个任务已经列在清单中，也要告诉他你喜欢他刚刚做的什么事。
- 若孩子完成某项任务时表现出非常好的态度，要给予额外的筹码（奖励）。

立竿见影——家长们的创新小贴士

试试这些行之有效的方法，可以强化扑克筹码或积分系统的效果。

- 制作单独的奖励和任务图表，用图片表示项目和任务，这样可以鼓励还不会阅读的孩子去赚取筹码。你可以试着从杂志上剪下图片，或者在网上找免费图片或图表。
- 提醒对所有孩子都有用。可以考虑把目标任务拆解，任务通常在哪里完成，就在哪里张贴小提示图。例如：

洗手间	书桌上方
刷牙：3 分	20 分钟内完成数学练习：10 分
把牙膏收起来：2 分	1 小时内完成读书报告：60 分
梳头发：3 分	阅读作业，5 分钟读完 1 页：5 分
洗脸：3 分	考试复习，每 15 分钟：5 分
挂毛巾：2 分	

- 对于比较小的孩子，要用筹码来代替积分，而且只能用图片表示任务（牙刷的图片表示刷牙，牙膏的图片表示要把牙膏收起来等）。
- 对孩子渴望已久的奖励，要在不同地点张贴提示图，展示这些奖励需要付出的积分或者筹码数，由此让孩子持续聚焦在长期目标上。有位妈妈在墙上贴

了一张六旗游乐园的图,她儿子早上醒来就可以看到,还贴到了冰箱门上和车库里(他负责打扫那里)。她还在图上贴上数字1000,就是为了鼓励她11岁的儿子在暑期结束前赚到所需的1000分,这样他就可以带一个朋友一起在游乐园玩一天。伦尼的妈妈把芝加哥公牛队的标志在家里贴得到处都是,就是为了提醒她儿子,他需要500分才能得到渴望的公牛队球衣。

- 尤其是对大一点的孩子来说,钱是有激励作用的,但对于每个星期有多少筹码或积分可以兑换成钱要有限制,这样钱就不会成为孩子追求的唯一奖励。要把孩子每周挣的钱作为他的零用钱。

- 对4—7岁的孩子,应该准许他们从"银行"提取筹码,再把筹码交给你换取奖励。把这个行动变成一种仪式,这个仪式恰恰会强化激励的效果。

- 把还没挣到的筹码放在叛逆儿童够不着的地方。对有些孩子来说,越权把"非法"存款存入自己的"银行"简直太有诱惑力了。

- 这个计划对你来说也是新的习惯,所以在第一周的时间里,要做些提示图,提醒自己每隔二三十分钟就停下手头在做的事情,检查孩子的行为,看看是否应当给予奖励。尝试设定厨用计时器或者钟表闹铃。有的父母把小贴纸,比如小笑脸,放在家里经常可以看到的各个地方,比如冰箱、电话听筒、镜子、钟和门上。

- 如果你家不止一个孩子叛逆该怎么办呢?有一对双胞胎,两个人都有多动症,他们家给孩子们买了两套不同的扑克筹码——一套是普通的,一套上面印有金色的马。那样两人都不太容易从另一个人那里"借用"筹码了。

难点与障碍

问:"但是在别人照顾我儿子的时候要怎么做?如果只有我们在身边时他才能得到筹码,那么这个计划还会有效吗?"

答：在第 6 步和第 7 步中，我将解答在公共场所以及当孩子在学校时如何运用此项技巧。当然，也会有这样的时候，别人在你家里替你看管孩子。以我们的经验，孩子不会因为这个系统感到不好意思；相反地，他们对自己有能力赚到积分非常有热情而且引以为傲，他们愿意分享这个体验。一对夫妻报告说，要把 6 岁的儿子留给保姆让他们有些担心，但是当他们来到客厅跟孩子说再见时，孩子正在跟保姆解释整个系统，还在显摆他在"银行"里存了多少筹码，这时他们的担心化解了。因为这位保姆以前在照顾这个孩子时也遇到了困难，所以可以理解她对参与系统很有热情。

需要注意的是：只有当保姆有责任心且年龄达到十七八岁或者已是成年人的情况下，才能允许她参与到这个计划中来。年龄较小的保姆，或年长的兄弟姐妹，以及不认识或不了解孩子的人，很有可能会对计划有曲解，他们可能会走向你的反方向，把计划当作是惩罚孩子的方式而不是用作奖励。对祖父母也是同理。除非他们经常照顾孩子，比如在你工作时每天照顾孩子，否则他们也不能参与计划。

我们推荐在类似情况下，给保姆、年长的兄弟姐妹或者祖父母一个笔记本或速记本，用来记录孩子的行为，包括好的和坏的行为。然后当你回到家，你可以浏览这个记录，根据行为记录，分别给予积分或罚款。这会赋予保姆和祖父母一些权力，让他们可以在记录本上写一些事情，但是由父母最终决定给出或者收回多少积分。

问："我们的女儿列出了一大堆她这周一次也没'买'过的特权。这是否表示计划并没有什么用？"

答：只要她对获取清单上的某些奖励还有兴趣，并且愿意为了获取奖励而有好的表现，就不是没有用。特权清单常常需要进行持续性调整，尽量让它有效果。定期重新看一下清单，比如每月 1 次，根据你的经验进行一些改善。把从来没有或者极少兑换的特权删掉，或者降低它们的价位，然后问问孩子他对哪些新的特权感兴趣。

问："这周我有些失去控制了，我列了一堆任务在清单上，但孩子完全没有做。我该怎么办？"

答：与特权一样，你应该定期检查自己列出的任务内容。有时父母对于改善孩子的行为过度激进，他们把自己希望孩子做的事情都列在了清单上，而不管这种期望是否现实。最好的方法是，开始时列出的大部分任务应该是那些你觉得孩子可以做但很难坚持做完的事情。这样，孩子有机会完成这些事情得到积分，并能为增加积分而主动再去做。这也有可能表示，对你想激励孩子去做的任务，你分配的积分或者代币还不够，可以考虑增加这项任务的报酬。如果你想试着减少孩子的某些行为（比如打扰别人），那么就算孩子不去打扰别人的时间只增加了一点点，也要让他获得积分。这样做，孩子也许只有 5 分钟没来打扰，但他也能有成就感，而且他会因为自己赚到筹码而主动把时间延长到 15 分钟，就可以获得三倍的筹码了。

问："我要坚持这个计划多长时间？一旦没有了这个计划孩子会一直这样做吗？"

答：父母们在开始使用技术之前就想讨论停止之后的事情，这个时候我都会觉得很有趣。这可能反映出，他们对改变还缺乏准备。有些父母说得很好听，但要他们真的做些事情来帮助孩子时，就会看到他们缺乏真正的奉献精神。有可能只是父母中的某一位。但这也可能表示，父母并没有真正理解多动症是一种发展障碍。如果孩子的身体残疾了，她必须坐在轮椅上，没有父母会问"我需要给孩子坐多久轮椅？"同样，多动症儿童的父母要理解的是，因为这些孩子动机缺失，因此物质奖励对孩子来说几乎是必需品。

请为这个项目计划上 2 个月的时间，这包括整个项目，以及最后一个步骤之后的几周时间。根据我们的经验，父母们会发现自己自然而然地淡出了项目，这可能是因为孩子的行为有了很大的改善，但也可能是因为随着时间的推移，父母开始松懈、难以坚持了。如果在这种情况下，如果孩子的行为没有出现倒退，那你就可以维持原状。如果出于某种原因你很想终止奖励计划，那你要告诉孩子你会用 1 天或 2 天时间试试没有奖励计划会怎样，此时孩子仍然享有正常的常规特权，但是只有表现好并遵守大多数要求才有。如果孩子的行为保持得像实施计划时那么好，就可以无限期地延长试验期。如果孩子的行为再次出现问题，请赶快恢复计划。

问："安妮不断地要求提前预付她的筹码，因为她没有足够的筹码看一整个小时的电视节目，而且她'真的必须要看'她最喜欢的节目的最新一集。我已经屈服了好几次了，但我有一种奇怪的感觉，这样下去可能会无济于事。下次她这样要求时我该怎么说？"

答：当你告诉安妮计划要开始了，你要非常坚定地解释清楚：只有她在某些方面表现得好才能奖励筹码，包括她能在要求提出的第一时间照做，用特别好的态度完成任务，或者做了清单上没有列出的比较特别的事情。你要将特权收在自己手里直到她赚够了才给，这样才能让她学会必须提前思考享用特权的事。

问："作为家庭中的一员，对我儿子来说，本来有些事他一直觉得是理所当然的，要对这些事计算价钱似乎很残忍。我怎么解释，才能让他觉得自己没有低别人一头呢？"

答：我知道，这有点难。切记，强调积极的方面，并且在向孩子介绍计划时要重点强调其目的是为了奖励他干了非常棒的事（即使在你眼中他目前并没做很多超级赞的事情，如果你能表达出对他的信心，他就会有动力开始有很棒的表现了）。如果他有意和兄弟姐妹比较，要温和地指出他在一些具体的事情上出现了问题，而其他兄弟姐妹却没问题，包括准时穿好衣服去上学，不动手打朋友，听到命令第一时间去做家务等。

也可以根据孩子的年龄和思维能力，试着在更大的社会背景下介绍这个系统：特权和奖励，就像生活中我们想要拥有的很多东西一样，都得在社会上表现得好才能得到。这既适用于成年人也适用于儿童。如果想被善待，我们都得遵纪守法，别人期待我们满足某些社会品行的标准，比如礼貌、尊重和善良。孩子在项目中越努力，他获得的奖励就越大，这如同工作上的额外付出会带来奖金或升迁。给孩子讲自己的真实经历，讲得越多，解释就越可信。你也可以这样解释：扑克筹码或积分系统跟货币系统差不多，我们用工作换取工资或薪水，然后用这些钱来置办生活中想要和需要的东西。

问："这个系统是不是传递了一些不好的信息：比如可以贿赂？同一件事可以奖励一个孩子而不奖励另一个？"

答：有些孩子（比如叛逆儿童）就是需要这种激励，其他孩子却不需要。如果没有这个策略，按至少在目前，孩子将仍然是"残障人士"（心理上的）。有了这个他就有机会表现得和其他孩子一样，难道你不愿意给孩子这个辅助装置吗？

然而即使是所谓的正常孩子，有奖励也比没奖励的反应要好。一个7岁的小女孩，在没有人要求的情况下整理床铺，如果没有人注意到这个，那她很可能会越来越懒散，但是如果因为表现得"长大懂事"了，她的就寝时间额外延迟了15分钟，那么也许没人要求她也会在晚饭后收拾桌子。实际上"正常"孩子表现得好一直都是有奖励的；只是一般没有使用这样的正式系统。最后，要记着，贿赂是指花钱请人去做错事。如果你曾做过有薪水的工作或者因为志愿者工作得奖，那你应该明白，取得劳动报酬和因为做了对的事情获得奖励都没什么错。

问："第3步只实施了一周，我的孩子就一夜之间变成了天使，这种变化能长久吗？"

答：这个效果有望持续下去，但可能不能维持如此的投入度和积极性。我们发现，新的筹码计划有大约 2～3 周的蜜月期，这期间孩子的行动动力非常强。一旦计划成为常规，新奇感就会逐渐消失，孩子行动的动力也会随之消失。孩子们不会停止行动；只是进取心会退步一些。这就是为什么一两周之后，要在第 4 步开始启用惩罚制度。

问："我丈夫不想参与到奖励计划中，他说既然我一整天都在搞定这件事，他就没必要参与了。我自己来实施计划可以吗？"

答：这样不好。如果妈妈在家陪孩子，那么在这一步中她往往扮演着更重要的角色，但是你们俩都在家的时候要一起使用这个系统，才可能达到管理的一致性。可以这样帮助他：向他介绍一些他晚上在家容易看到的能给予孩子奖励的行为，比如孩子不打断晚餐时的谈话或自觉带狗出去散步。一旦掌握了窍门，他就会像你一样渴望成功。

问："我已经非常努力地让整个计划听起来积极向上，但是当我介绍完，孩子却拒绝参与。我该怎么办？"

答：虽然这种反应并不多见，但有时确实会在高度对抗的儿童中出现。发生这种情况时，我会告诉父母凭自己的力量继续执行计划。列出孩子热衷的有趣事情作为常规特权，如果孩子没有获得任何积分就保留这些特权。不出几天，即使不情愿，孩子也会开始合作。

问："哇哦，听起来这还挺费时间的。除了特别时间之外，我怎么找得出时间做这个，还要谨记表扬和监督孩子？我就没有别的生活了吗？"

答：是的，最开始的一周确实需要一些时间来适应，但是这会变成一个固定习惯，因此很快也就不觉得特别麻烦了。特别是，孩子会非常主动地帮忙（相信我，你的孩子会很高兴通过积分存折或筹码银行进行存款和取款的！）。如果本周你感觉到疲倦和灰心，请记住：我只求你用 2 个月的时间去解决孩子有可能延续一生的叛逆问题，这个时间花得很值吧。

问："计划似乎已经对我儿子有帮助了。我可以试着把它用在其他孩子身上吗？"

答：我之前说过的，即使不叛逆的孩子处于这种奖励系统中，其行为也会有所改善。不过，你是否把它用于每个孩子是你的个人决定。当然，你需要跟踪观察的"银行"账户越多，计划就越耗时。如果说，保证给予特权和监督任务的一致性和可预见性是你家里的首要任务，就值得一做。当兄弟姐妹们发现，很容易就可以算清楚满足什么条件就可以做他们喜欢的事，他们就会经常问父母他们是否可以参加计划。

问："我怎么能确切地知道计划的效果怎样呢？"

答：你应该看到孩子在一天中有更加稳定的良好表现。有系统地提供积分或筹码，积分或筹码可以换取各种有趣的特权，这样就可以避免孩子听话的意愿像以前那样时高时低。因为这些奖励和他们所能买到的特权比单纯的赞美和关注更有力度，孩子有望取得更快的进步，同时顺从度会出现比较明显的增加。此外，如果这个计划起作用了，你应该会感到比较放松和自信。采取更有组织、更有系统、更公平的方法来管理孩子的行为，这对每个人来说都意味着少一些令人不快的意外。如果你在坚持执行计划，就不用去听"不公平！"这样的抱怨，而且孩子也不必再忍受不确定性，不知道什么时候因为赶上你心情好，就给他一个特权，或者因为你心情不好就不给了。最后，分发代币和留意好行为的需要，迫使你更加关注孩子，反过来，孩子为了获取奖励也会寻求你的关注。你们不可避免地越来越亲近，那就是亲子关系本该有的样子。

如果你的经历正如上所述，那么你已接近大半的成功了。下一章提供的另一个强有力的工具会继续充实你的技能，即使最平坦的道路上也必定会有波折，这个工具可以帮助你攻克难关。

管理孩子的这种方法非常重要，其原因有很多：它有助于解决叛逆儿童（特别是有多动症的孩子）缺乏动力的问题。它使家庭的规则和行为后果变得非常清晰、公平、确定和可预测，终结了无差别的育儿方式。它有助于重新组织家庭事务，家人更加积极，父母更关注孩子的亲社会和与任务相关的行为。它所传授的是一种重要的职业道德，是国家的基石，那就是：你获得你所为之付出的，世界上没有免费的午餐。这让孩子愉快地感受到他们的努力是被认可的。最后，这一方法是项目中改善孩子行为最有力的工具之一。

第八章

第4步：温和的管教——计时隔离

以前……

"我才不在乎今天有没有积分呢！"玛雅大喊。

乔伊回过头来盯着她9岁的女儿，她惊呆了。

这个孩子上周一直都跟她住在一起，她们基本能很愉快地相处，她讨人喜欢，性格温和，而且非常热衷于为各种事情赚取积分，从看电视时间，到和家人或朋友的郊游。现在这个女孩怎么了？

"那么好吧，"乔伊犹豫地回答说，"我猜你今天的电子游戏特权时间不会有很多了……"

"我说了，我不在乎！"玛雅大喊着。

玛雅拖着步子走出房间，乔伊试着搞清楚出了什么问题。是她让玛雅做了什么不寻常的事吗？不，当初为了能得到积分，女儿每天早上都很高兴地把自己的书包收拾好。她今天早上对玛雅的要求过高吗？不，几乎都是像平时一样的去学校之前的一些事。她是不是提要求太客气了，让女儿有借口？没有，她还是按着最近养成的新习惯，简单地陈述："玛雅,你该收拾书包去上学了"。也许女儿只是心情不佳。乔伊收拾了女儿的书包,希望她放学以后情况会好起来。

结果并没有。就在下午3:30,玛雅穿过前门飞奔而过,背包扔在地上,外套甩到栏杆上,冲进了自己的房间,大门敞开着。一阵冷风让乔伊从家庭办公室(乔伊在家办公)里冲出来一探究竟。

"玛雅!回来把门关上,把你的东西拿回去……你至少可以跟妈妈打个招呼吧!"

"我忙着呢!"玛雅大喊。

这天接下来的时间是一个不断下沉的循环,玛雅蔑视要求、违抗命令,要么顶嘴,要么沉默不语。

玛雅终于上床睡觉了,乔伊在电话里对朋友抱怨"这真是一场噩梦"。她说:"我们'一如往昔'以互相大喊告终,最后当她跟我说,只要她愿意她想什么时候上床睡觉都可以,反正我总是忙于工作根本无暇注意她,我告诉她要罚她禁足一个月。然后我马上向她道歉,她狡猾地看了我一眼,意思在说我们两个都知道我绝不可能会坚持下去。我觉得自己像个傻瓜,我一定搞砸了所有事情。她怎么能那样对我?"

后来……

"我才不在乎今天有没有积分呢!"玛雅大喊。

乔伊回过头来盯着她9岁的女儿,她惊呆了。女儿脸上紧皱的眉头和她双手叉腰的姿势,给母亲传达了一个无声的信息——"我不怕你"。

乔伊忍住心里的怒斥,直视着女儿的眼睛,坚定地说:"该准备去上学了。现在马上收拾书包"。

"不!"女儿怒喊。

"好吧，"乔伊回答，"我会从你的存折里减去 5 分。"

"不公平！"女儿大喊大叫，说着试图从妈妈手中抢走笔记本。

"现在，马上，不要再喊了，"乔伊说，"开始收拾书包吧。5——4——3——"

玛雅继续喊着"不公平！"，乔伊倒数到"1"时，说："要是你不马上收拾书包，就得坐在那把椅子上。"她指着客厅角落里唯一的一把椅子。"5、4、3、2、1！"

乔伊抓住女儿的胳膊，把她拉到椅子前，牢牢地将她按在椅子上。"在我说你可以离开之前你都要待在这儿。"

乔伊来到厨房，开始打包孩子们的午餐。她可以在干活的地方看到玛雅，但是忽略她喋喋不休的抱怨。10 分钟以后，她回到椅子那儿，说："你安静下来后才可以离开椅子。等到你安静下来我会再回来。"

几分钟以后，玛雅的抱怨已经减弱，变成了低声抱怨，最后没声音了。乔伊回到椅子那儿，说："你愿意收拾书包了吗？"

"是的。"玛雅平静地回答。

"好，去吧——巴士马上就要来了。"

玛雅站起来，很快就收拾好书包。乔伊看着，说："我喜欢你按照我的要求做。"

出门几分钟以后，玛雅转过身，轻轻地说："对不起，妈妈"。

第 3 步中建立的家庭代币系统是很好的工具，但不是万能的。大多数孩子，即使是在为获得奖励而完成任务的过程中得到了彻底改变的孩子，也会因为某种原因在某个时候偶尔出现不良行为。有的孩子从第 3 步开始有了主动性，在生活的许多方面都会去配合，但一些具体的问题仍将存在。无论哪种，你都需要用另一种方式推动他们回到正轨。

"以前"场景中的乔伊表明，由于积分系统带来了快速的积极变化，人们很容易陷入一种虚幻的安全感。当叛逆儿童好像受到奖励的鼓舞而发生转变时，父母们希望并祈祷这种改变能够持续下去，而且往往也是如此。然而我们发现"蜜月期"通常不会持续三四周以上。你最好做好心理准备，孩子在这段时间之后至少会偶尔不太听话。要知道其实你没有改变孩子的内心世界，甚至当你尽最大的努力避免让孩子在心理上过度负荷时，这种努力也会失败。如果你对这些失败没有做好心理准备，那原来的相处习惯就会冒出来，很快就会把你和孩子拖到推拉冲撞的旋涡中，而你们努力重建的关系就会瞬间崩溃。

孩子难以与他人相处或不承担家务之类的行为问题若徘徊不去，则会带来更大的隐患。而在某些方面毫无进展会让你感到无所适从，这种无助感会蒙蔽你应有的自信。坦率地说，对有些孩子，你根本无法解决他的所有行为问题。但是当你知道自己正在竭尽所能地帮助孩子克服障碍，你就会略感安慰。因此，通过别的方法增加孩子的约束力，以此强化激励的效果是很重要的。

除了加强物质奖励的效果，本章提供的惩罚技术也会彻底消除旧有的管教方法。如你所知，1—3步中的课程要求严格地避免惩罚，但是当必须制止孩子极端恶劣的行为时，还是允许使用常见的惩罚措施的。现在，我们将用两种温和的方法取代原来惩罚孩子的方法，那些旧方法可能制止了孩子即时的过错但却鼓励他们重复犯错，这两种新方法将让你在执行纪律时保持公平、始终如一。所以要把新的惩罚工具当作修复亲子关系的最后一环，放弃摇摇欲坠的砖块，换上牢固的支撑。

不过，首先要彻底检查"地基"。应该先建立一个可靠的关注、表扬和奖励基础，然后才考虑采用第4步中的惩罚方法。如果孩子很多时候仍然表现不佳，可能需要运用的是积极强化技巧，而不是用惩罚。如果你发现孩子的行为在第3步中改善得很少或没有改善，那你就要检验自己所采用的方法了。在我咨询的一个家庭中，作为家庭主妇的妈妈正确地采用了这个计划，但是当律师的爸爸很少在家，他经常没有任何原因就给孩子发筹码。或者到就寝时间了还给孩子发筹码，只因为听妈妈说"他今天表现很棒"。不加选择地使用筹码严重地破坏了计划。因为爸爸，孩子有很多筹码可以花，但筹码并不是他真正赚到的。针对这个问题，我们直言不讳地谈到，孩子当下的行为直接预兆的是将来的犯罪行为。我们也谈到了共同价值观，就像成年人一样，孩子们需要学会挣到他们想要的特权和奖励，而不是将其视为理所应得或与生俱来的权利。当我指出，问题不只是孩子养成了一种既得权利的态度，如果父母双方在项目上不投入精力，那最终可能就得给孩子找个好律师了。这个小男孩的父亲表示同意，也做出了很多努力，孩子的行为很快就改善了。

你的终极目标是，只要还有别的办法就绝不惩罚。所以这正是一个好机会，让你养成这样的习惯——问问你自己，孩子为什么会表现不好，"以前"场景中的乔伊就是这么做的。专注于积极的一面、回归孩子的视角，就可以在与孩子的互动中保持冷静。现在想激怒你可不容易，遇到任何情况你都能在情绪过度反应之前问问自己，孩子出现不当行为的原因是什么。莽撞的表扬无伤大雅，但惩罚不可同日而语。所以，要努力养成在采取惩罚措施之前快速考察环境的习惯。以下都是要学会反问自己的问题：

- "像第2步所学的那样，我发出的指令有效吗？"
- "我在摆明自己的意图，还是在等孩子来挑衅？"
- "随着孩子的成长和变化，他对新的、不同的奖励和特权的需要我关注到了吗？"如果有疑虑，再检查一下你在第三章结尾时写下的孩子喜好的清单。你觉得这个清单要改吗？如果不确定，就跟孩子一起检查。
- "我对孩子的性格特点和相处中遇到的困难保持着敏感度吗？"如果在这部分需要帮助，可以定期回顾一下第二章等 26—29 页中所填写的问卷。
- "我的个人问题或特质影响到了我与孩子的相处吗？"回顾第二章第 31—32 页和第 41—42 页所填写的问卷，提醒自己注意生活中的事情有可能会影响到你与孩子的关系。
- "是不是有些新的外部因素让孩子表现不佳？"除了你的性格和第二章中找出

的问题之外，检查一下学校里的问题，邻里之间的问题，或者给孩子带来压力的身体健康或发育方面的问题。

很明显，有些问题你得找时间做必要的探究和内省才能回答。这个概念不是说要麻痹自己，而是要注意有些问题晚一些才能找到答案。千万不要还没理解孩子表现不佳的原因就施以惩罚，但也绝对不要畏首畏尾，在孩子的不当行为发生时却不去采取行动。

也就是说，第4步中最大的挑战不是克服惩罚过度的倾向，而是坚持用新的管教方法。最开始孩子可能不明白你在用理性且可预测的体系取代不加选择的、情绪驱动的管教办法。过去几个星期你给孩子的是不予否定和让人愉快的赞美、关注和奖励，对比起来现在孩子看到的将是，你采用了新的让人不太舒服的教养方式。不足为奇，当你开始因为孩子的不当行为不断地拿走他的积分或者在家人聚会和娱乐活动中孤立孩子时，很多孩子会感到背叛或者被愚弄。遗憾的是，很多孩子本能地用更差的行为做出回应，即他们对旧惩罚技术的反应方式。但是这种退行只是暂时的，孩子的不当行为最终一定会改善，心里清楚这些有助于你坚守计划。孩子只是需要些时间来理解家里在执行新的规则。

最初孩子很有可能会有消极反应，此时可能是整个方案中最艰难的一周。对于前几次惩罚，孩子的反馈常常是大发雷霆，有时候会持续很长时间，你需要调动全部的内驱力抑制自己不要放弃。有些孩子会以其人之道还治其人之身——从心理上伤害你，他们会说"你太可怕了""再也不爱你了"。有几种方法，可以让你对这种冲击做好准备。

1. 要知道：孩子的这种极度消极反应恰恰充分表明，这些方法最终会达到预期效果，让孩子终止引起惩罚的行为。

2. 提醒自己注意孩子的正面特质。在第三章结尾时你列出了清单，记下孩子身上你所喜欢和欣赏的部分，现在这个清单会帮你经受住孩子夸张的表演和故意的伤害。

3. 提醒自己目前已经完成的事情。孩子的表现即使不全是自己希望的，但是你也已经看到了进展。拿出一张纸，标题是"与×××（孩子名字）共处的生活有所改善"，在下面快速列出清单。我希望这个清单能让你有动力继续前进。

4. 提醒自己为什么花时间和精力来完成整个项目：你爱孩子，想让他做到最好。当小宝贝指控你是一个"吝啬的大妖怪"（你才不在乎）时，把这个道理铭记于心对你会有帮助。

5. 制订一个简单的计划来保持放松和充沛的精力。本周需要在这个项目上投入很多精力，你需要补充能量。如果可以，安排一两次外出就餐。孩子睡觉以后，带本好书去洗个热水澡，度过一段安静时光。记得去运动。找出并尽可能多地去做能让你在压力之下感觉舒服的事情。

6. 牢记在心：无论是有意还是无意为之，孩子已经变成小戏精了。她不自觉地认为，如果她对你表现出各种愤怒和不安，你就会再次屈服并在惩罚上做出让步。你要告诉自己，这次不会被她的极端情绪反应所胁迫。你坚持自己的原则，你关心的是孩子的长远利益。做出让步的结果就是再一次教给孩子：愤怒和发脾气会让别人屈服于她想要的东西。这是你真正想教给她的吗？有时，为了长远考虑你必须让孩子接纳让她不安的事情。还记得你第一次带孩子去看儿科医生的时候吗？你抓住她，让她打针，她大哭，并痛恨打针。但是你必须要这样做，因为你知道从长远看这样对她是最好的，尽管现在她会不高兴。计时隔离的道理几乎是完全一样的，你的态度也应该是一样的。好的父母看到的是孩子最长远的利益，而不只是"感觉挺好"这样的短期利益。

7. 别忘了正强化！如果孩子发了一小时的脾气，那这可能会耗尽你全部的耐力，但不能就此改变表扬和关注这两个游戏的规则。特别时间现在尤为重要，千万不要放弃！

再次引入惩罚

本周的目标是逐渐用坚定并一致的方式重新引入惩罚。以下是你要做的事情。

1. 如果孩子没完成某个任务,你要开始扣除积分或筹码,正常来说,在家庭代币系统中,完成这些任务是要给奖励。
2. 也要做一个简单的不当行为清单,孩子可能会因这些行为而受罚。
3. 学习使用"计时隔离"法。
4. 选择一两个本周你要采取计时隔离惩罚的问题行为。
5. 遵循"罚两次,再隔离一次"的规则。对于重复或持续的违规行为,在使用计时隔离之前,最多只对孩子进行两次罚款。

方法1:对不当行为的惩罚

孩子通过家庭代币系统储蓄筹码或积分,自然会因为行为不当被罚款而感到沮丧、愤怒,但一旦你见证了奖励孩子遵守规则所带来的切实好处,就要做好心理准备在他不遵守规则时给予惩罚。如果孩子不遵守命令或没做完家务,只需扣除遵守命令时会得到的等值积分(如果孩子早上整理床铺得到5分,不整理床铺就意味着得不到5分,还会丢了已挣到的5分)。

如果你对于孩子没发脾气、没有戏弄弟弟、不对父母撒谎,或者没有违反家规,还没有明确的奖励,那么当孩子犯了这些错误,你会罚款多少?本质上,不当行为越严重,你施加的惩罚就应该越重。严重错误的后果应该是,让他们损失多达三分之一或更多的日常收入。但拿走孩子当天赚到的所有东西就有点太严厉了,可只处以占每天收入5%~10%的罚款,对于比较严重的不当行为来说可能是太轻了。在不让孩子"破产"的情况下,将大约

25%～30%的日常收入作为罚款应该够用了。然而，如果当天同样的错误行为重复发生，下一次罚款金额要增加10%。为了避免惩罚旋涡（见第165页），记住"罚两次，再隔离一次"的规则。

方法2：行为不端时采用计时隔离

从现在起，只提出那些当孩子违抗时你需要对其施加惩罚的命令。因为如果每种错误都要这样惩罚，那么很多叛逆儿童就得全天在"隔离"椅子上坐着了。其实，这周你的任务就是对孩子的一两个很常见的问题实行计时隔离。如果孩子还有很多行为问题，可以选择一项他经常完不成的家务和一个社会问题行为作为本周的目标。所以孩子可能会因为没有把用过的盘子送到厨房、晚餐时打断谈话而被实行计时隔离。如果孩子存在比较大的持续性问题，比如不能整理自己的东西，那本周只要专注这个问题就好。如果你是很幸运的家长，孩子的问题通过第3步的代币系统已经基本解决了，只需等待就可以了，早晚会用到的，一般来说过一个星期或者两个星期就能用上。没有完美的孩子，一旦代币系统的光辉一点点退去，孩子一定会去尝试原有的行为。你只需准备好当情况发生时采用惩罚措施。

计时隔离可以用于2—12岁的所有孩子，但可能对2—10岁的孩子最有效。

对这个步骤的准备需要找一把直背的椅子，比如小餐椅或老式的木制课桌椅，把它放在你做家务时可以看到的地方。门厅、走廊中间、餐厅或厨房的角落里都能找到可行的位置。确保椅子离墙的距离足够远，以防止孩子踢墙，并且保证孩子在椅子上够不到可以玩耍或摆弄的东西。为了让椅子随时提醒孩子行为不当的后果，要确保椅子可以在你找到的地方放置起码两周时间（这通常意味着，确保椅子不妨碍其他家庭成员。）

本周，想要求孩子做某类事情，请遵循以下步骤：

1. 发出指令时（比如"把你的脏衣服放到洗衣篮里去"）遵循第 3 步中学到的有效命令原则。大声地倒计时，从 5 开始，隔大概 1 秒钟数下一个数。

2. 如果数到 1 时孩子还没开始执行命令——即大概 5 秒钟之后——直接与孩子进行眼神接触，用身体语言告诉孩子你不是开玩笑的。采取一种更坚定的姿势和姿态，手指指着孩子，比发出初始命令时的说话声音大一些："如果不照我说的做，你就得去坐那把椅子！"（"如果你不按我的要求把衣服放进篮子里，就得坐到那张椅子上！"）然后指向事先放好的隔离椅。

3. 现在重新从 5 开始倒数。如果又数到了 1，就这样说："你没有按我说的做，所以你得马上去坐椅子了。"（"你没有按我说的把脏衣服放进篮子里，现在你得马上去坐椅子。"）

4. 然后紧紧抓住孩子的手腕或手臂，陪同他到椅子那儿，说："在我说你能站起来之前，你都要坐在那儿。"确保你的声音响亮而坚定，这样孩子就明白你是认真的。

5. 根据孩子的年龄，每增长一岁在椅子上多坐 1～2 分钟——错误较轻坐 1 分钟，较重的坐 2 分钟。当孩子被计时隔离的时候，你可以在能关注到孩子的地方去干自己的事儿，但是不要跟孩子有任何讨论或争论。孩子可能不会安静地坐在那里，但你应该忽略他说的任何话。

6. 时间到了，到孩子身边对他说："等你安静下来我再回到这儿。"然后回去做你的事情，直到孩子安静了大约 30 秒后再回来。

7. 一旦孩子安静了一会儿，你就回到椅子那儿，问他是否愿意按你要求的去做。（"你愿意把衣服放进篮子了吗，泰勒？"，或者当孩子犯了一件不可挽回的错误时，"你愿意保证再也不打查尔斯吗？"）

　　如果孩子的回答是肯定的，要保证他真的去执行。（如果之后他又打了查尔斯，不用给出命令或者警告，立即将他带回隔离椅。）如果没有执行，直接将他带回椅子重新开始惩罚。

　　如果孩子说不，就从头再来，"好吧，那你就待在那儿，直到我说你能站起来为止！"尽可能多地重复这个步骤，直到孩子服从要求。

8. 一旦孩子服从了要求，你就要用一种中立的语气说，"我很高兴你按我的要求做。"不要对孩子的服从乱加表扬，也不要为此给予任何奖励。但是，一定要细致地观察孩子，这样当他再有明显的好行为时你才能抓住。如在第 2 步和第 3 步中所学到的那样，当你看到孩子的好行为时一定要奖励他。这样做可以保持积极和消极之间不确定的平衡，同时也表明你不是讨厌孩子，而只把隔离作为对他不当行为的惩罚。

过程中的例外情况

某些情况下可能需要对过程稍加变动。

- **违反家庭规则**。如果孩子违反了显而易见的家庭规则，应该在没有任何命令或警告的情况下对他进行计时隔离。这些规则可能包括不打人、不偷东西、不玩刀子、不使用火炉、未经允许不吃零食。为了保证规则绝对清楚，把孩子经常会违反的规则列出来，贴在很容易看到的地方，比如冰箱门上。告诉孩子如果他违反规则，不会给他任何警告就执行计时隔离。
- **时间比较长的任务**。如果孩子要完成的任务耗时比较长，比如完成家庭作业，那么完成任务和开启任务一样重要。因此，不要像上面那样发出命令和警告，告诉孩子，他有一定的时间来完成这项工作，如果没有完成将对他进行计时隔离。然后，为了避免对时间的长短出现争执，设个计时器。
- **重复犯错**。如果孩子保证不重复犯错（如殴打查尔斯），你因此解除了隔离惩罚，那么当他再次出现同一不当行为时，在执行隔离之前不可以再给指令或警告。

"做"与"不做"的行为准则

- 不要在进行特殊的家庭活动时开始实行第 4 步，这些活动会让你对已经定好的计划分心。如果遇到婚礼或者有外地朋友或亲戚的来访活动，不能推迟，那就在第 3 步上多停留一个星期，直到有时间集中精力在第 4 步上为止。
- 使用计时隔离几周后，就不要再大声数数了，否则会误导孩子只服从有倒数计时的指令。
- 采取坚定的语气和立场时，不要做得太过火。你需要表现出的强硬程度，取决于孩子的叛逆程度以及你通常使用的肢体语言。重要的是，如果孩子不马上遵守，你传递信息时要更加坚定。这意味着，你要从椅子上站起来发出第二次命令或警告，或者你要牢牢站稳、笔直而立，而不是第一次发命令那样手叉腰。一般来说不必用太夸张的语气表达观点。因为一旦你用特定的语气表明自己的认真态度，那以后语气稍弱点时孩子就不会认真对待。
- 不要把计时隔离的椅子放在壁橱、楼梯间或者浴室里。很多孩子怕黑，而且你的目标也不是用恐惧折磨他们，只是想让他们停止当前有意义的活动。不允许在浴室里隔离，因其存在危险因素。有些地方很难注意到孩子，所以要找一个容易观察到孩子并且安全的地方。
- 不要让家里的兄弟姐妹或其他人在孩子被隔离的时候和他说话。
- 隔离结束时，孩子会同意服从要求，你不要因为惩罚向孩子道歉。

凡事预则立

大多数孩子在开始时会对加入强化大军里的罚款和隔离出现消极反应（有些非常激烈）。你需要预见最坏的情况，知道这一般是暂时性的，并从有经验的父母那儿获得经验，他们知道眼前的痛苦会带来长期收获。

孩子与罚款的战争……

- 要注意一种现象，我称之为惩罚螺旋线：你第一次处罚孩子时，他很可能会发脾气、骂人或者怒气冲冲地攻击人或物。这显然是不可接受的行为，因此你可能会忍不住再次对孩子处以惩罚。这会导致孩子进一步反抗，再次被罚款。最终，孩子被扣除了很多筹码，使他没机会用积极行为来弥补亏空，因此也没法获得任何特权了。毫无疑问，最终陷入这种境地的孩子很快就会失去赚取特权的动力，心理上可能会完全放弃进步。解决的办法是：如果孩子对于受罚反应失当，最多只能再罚一次。然后让他接受隔离。

- 有些孩子对于存款被扣掉一些，没办法换取特权，感到非常愤怒，然后决定抵抗整个系统。这里的关键是坚持住。有个男孩，当他父母第一次因他的不当行为对他处以罚款时，他把记录积分的小笔记本扔进马桶冲走了。父母用了一个新的笔记本重新启动了系统，当他冲走第二个本时，他们的做法还是一样。最后，男孩意识到父母不太容易阻止，于是投降了。

- 当你宣布扣除积分或筹码，有些孩子会做出这样的反应"扣吧，我不在乎"。如果孩子说了这些话，不要因此游移不定。一般来说基本上是一个烟雾弹，他这么说是因为，其实他在乎但想让你觉得他不在乎。如果你了解孩子其实很在乎损失分数从而失去特权，你就能听到孩子心底的声音：我不喜欢你这么做，我希望你别这样了。

当孩子试图逃脱隔离……

- 孩子使用的第一个逃脱途径可能是，当你告诉他马上坐在椅子上时，他立马就答应服从之前的要求。别允许他这样的做法。从 5 开始倒数，一旦孩子有两次没有服从，他就要马上承担这个后果。

- 如果孩子用肢体抵抗不肯去隔离椅，你可以用较轻微的力度强制把他带去隔离椅，就是把孩子抱起来，或者抓住他的两只胳膊带着他去坐椅子，不要用蛮力或者可能伤害到孩子的办法。如果孩子出现人身攻击，你需要格外留神（见 170 页的表格）。

- 孩子在去坐椅子的路上或坐在椅子上大发脾气，这一点都不奇怪。再说一次，要坚持立场，让孩子待在椅子上一直到他起码能安静 30 秒钟为止，即使这样可能意味着他要在椅子上坐一两个小时。很多家长可以证明，其实孩子需要经过如马拉松般的漫长时间才能意识到，你可以坚持的时间比他们更长。一旦他们明白，安静下来可以减少待在椅子上的时间，就会迅速主动缩短那个时间。

现在智能手机都有摄像功能，有的父母告诉我，他们警告孩子会在他们发脾气的时候录像，就可以很快让他们不敢再发脾气了。他们甚至吓唬孩子如果继续发脾气，就把录像发给孩子的另一位家长（在上班的那位），或者发给孩子喜爱的祖辈。即使没有这样的手机，你也可以在家里使用摄像机实现这个目的，当下次这种情况再发生时，录像就可以给另一位家长或者祖父母看。随着网络远程通信功能的发展，像 Skype（一种通信工具）、视频等可以迅速通过网络跟别人分享。仅需要警告你会公布录像就能让孩子快点冷静下来，甚至下一次使用这个方法仍然可以避免孩子发脾气。我在制作关于叛逆儿童的专业视频《理解叛逆儿童》（*Understanding the Defiant Child*）和《管理叛逆儿童》（*Managing the Defiant Child*）时遇到过类似的情况，每当我们去到一个家庭，希望拍摄到经常发脾气的孩子正在爆发的影像时，只要摄像机出现，就会让我看到一个举止端正的孩子，即使孩子真的在发脾气，一旦他发现有人在录像，也会很快就停止发怒。这直接表明，很多的脾气爆发，多多少少或全部是受孩子自主控制的。如果孩子察觉到后果，也就是发现发脾气不值当时，他就会停火。目前尚没有科学研究证明这种方法对减少或终止孩子发脾气的效果如何，但是我认为试试观察孩子的反应并无大碍。

有个家庭，他们让儿子在自己的卧室里执行计时隔离。第一次执行时，他们听到他在房间里踢墙、把东西扔在地上。他们的解决办法是让他坐到床上，帮他冷静，限他待在那里不准离开，直到他冷静下来。然后要求他在做其他事情前收拾好自己的房间。

许多孩子恨不得拔腿就跑，一有机会就离开椅子。在这种情况下，你有几个可选方法。最常见的方法是把孩子转移到卧室，比如，当孩子第一次企图离开椅子时，把他放回去，然后坚定地告诉他，"如果你再从椅子上下来，我就把你送到你床上去！"用同样的坚定立场和响亮声音，就像在隔离之前警告孩子服从要求时那样。孩子再离开就把他送回房间，让他坐在床上，告诉他在你允许之前他必须坐在那儿。要确保房间里没有重要的玩具或者任何娱乐工具（电视、音响等）。孩子要按照上述方式完成计时隔离。隔离结束后，让孩子在房间里把弄乱的东西收拾好，之后他才能去干别的事情。

有些家长告诉我，他们担心把孩子的卧室用来做隔离会引起孩子的睡眠问题，因为会让惩罚跟卧室的概念混淆。这种情况我从未见过，也没有研究成果支持这种结论。还有一些家长担心孩子会破坏房间。我告诉这些父母，任何破坏都是可以挽回的，但正确地养育一个孩子，只有一次机会。比起用椅子，很多父母更偏爱用孩子的卧室，如果你不采用可以选择以下方法：（1）离开椅子扣积分或者筹码；（2）对大一些的孩子，拒绝兑现他特别重视的一项特权，这个特权本来是当天晚些时候可以享用的（比如电子游戏特权或看季后足球赛特权）；（3）每次孩子主动离开椅子，隔离的时间就延长5分钟（这可以无限地持续下去，也能鼓励孩子进行博弈）。如果这些方式都不管用，你就需要找专家求助。

- 很多孩子会试着激怒父母，他们控诉"我恨你""你不爱我"或者换汤不换药的"你好小气！"虽然这些控诉似乎很容易抵挡，但当它们从你亲爱的宝贝口中说出来时，直观上真的会让你很为难。你最不该做的事情就是浪费时间对此做出回应，因为这是在鼓励他对你施虐。这相当于在说"如果你想要我的关注，请继续这样做吧。"你首先应该做的事情是，用可行的方法让自己在情感上避开攻击。

- 有一位母亲,她儿子会大喊"你是一个坏妈妈"和"别人的妈妈都没你这么讨厌!"。她决心把自己想象成一名外交官,正在通过耳机听外语演讲,像联合国代表们那样用这种耳机来听翻译。通过假想的耳机,她会这样解读儿子的信息,"我不喜欢隔离惩罚,我想让你放我出去"。这一策略并没有阻止儿子的言语攻击,但却减轻了母亲沉重的情感负担。

- 有些孩子心意已决:如果不能阻止实施计时隔离,就进行报复性的惩罚,并尽其所能来惹恼你,比如倾斜、摇晃或者移动椅子。只有一种方法可以解决这个问题:告诉孩子,如果椅子在动,那就等同于企图离开,后果与离开椅子一样。

- 接下来是"我得去上厕所"的故技重施。在 20 年的时间里,我对成千上万的孩子采用过此项目,我只听说过有两个孩子自始至终威胁说,如果他们不能离开椅子去洗手间就把裤子尿湿,而这两个孩子显然是为了与父母对抗才故意这样做的。这两个孩子的父母们都很聪明,他们让孩子待在椅子上,直到规定时间结束后才让他们去清理这个区域,换上衣服。错误的反应是举手投降;孩子会一次又一次地借助这个把戏,你也会发现,一旦他上了洗手间,你就很难再把他拉回椅子上。一位母亲发现 6 岁的女儿在虚张声势,她说自己会尿裤子结果根本没有尿,而且她再也没有用过这个借口。当你有什么迟疑,别忘记,当孩子接受了最低程度的处罚后,若他愿意服从,那即便是 10 岁的小孩,也最多罚他 20 分钟,我还没听说哪个 10 岁的孩子上厕所都等不了这个时间的。

- "我觉得不舒服"是另一个惯用伎俩。一直在发脾气的孩子如果说他喉咙痛,可能是真的,但早晚会过去的。另外有些孩子则声称头痛或胃疼,并向父母预警,如果他必须要待在椅子上,他可能会呕吐。除非这个孩子当天早在进行计时隔离之前就已经表现出了病症,否则不要因此放弃。我仅听说过一个孩子为了故意挑衅,放出威胁之后就把手指伸到喉咙里,结果隔离结束他还

- "我很累",在临睡前实施计时隔离时通常会听到孩子这样诉苦。应该注意吗?可能不需要。我反对家长在开始使用惩罚的第一周里,为了惩罚孩子拒绝在睡觉时间上床睡觉而执行计时隔离,因为当计时隔离在其他问题行为上奏效时,不准时睡觉的问题也就会随之消失了,但如果你已经在用了,那为了强化计时隔离,即使过了就寝时间,你也应该毫不犹豫地让孩子再坚持几分钟。这会正好遂了孩子的心意吗?恐怕不会有任何一个孩子会认为,自己坐在椅子上无所事事,就表示成功地拖延了就寝时间吧。另一方面,如果睡觉时间执行隔离表示孩子仅仅损失了睡眠,那么为了达到效果,应该根据孩子的年龄,每大一岁就延长 2 分钟隔离时间。

- 孩子说饿了,很少有父母能拒绝这个需求,很多孩子会在隔离时用这个来引你上钩。对很多人来说拒绝给孩子食物有似乎有些悲惨色彩,但请记住,孩子不会因为少吃一份零食,甚至一顿饭,而日渐消瘦。如果在吃饭的时候孩子被安排隔离,不要在执行隔离后再给孩子补一顿饭。如果隔离结束了家人还没有吃完饭,孩子就重新回来跟家人一起吃饭。但是这顿饭不该为适应孩子的需要而延时。切记,对于隔离时错过的活动,包括吃东西,如果你给予补偿,那么这些错失的活动就失去惩罚的力度了。

- 信不信由你,有些孩子在隔离时间到了也不肯离开,他们试图用这种办法从父母手中夺回控制权。他们的意思本质上是,想离开椅子的时候我会告诉你。唯一能做的就是反弹回去,宣布:因为孩子拒绝你的要求,即离开椅子,他必须得重新受到隔离,他要待在椅子上直到你说可以离开为止。

> **当孩子出现躯体对抗**
>
> 如果孩子有暴力倾向（有可能造成伤害）而且年龄较大，那么他很有可能存在品行障碍，需要进行专业治疗。
>
> 如果孩子有身体攻击的倾向，即使他年龄小、身形小，你在使用计时隔离时也会感到紧张。以我的经验，这类的危险主要是对妈妈而言，所以本周最佳的方法是，只在爸爸在家的时候才使用计时隔离。孩子可能害怕如果自己不接受惩罚，爸爸就会参与进来，因此也就愿意配合你。如果是这样，可以告诉孩子因为他的配合，隔离时间将会减半。整周都坚持这样做。如果一切顺利，可以趁爸爸不在家的时候尝试自己用一下计时隔离。很可能你自己在家的时候孩子也能配合，那么你就可以继续使用这个方法。如果情况不同，则需要寻求专业帮助（见第三章）。

难点与障碍

问："我为什么要用这个方法？计时隔离不是什么新鲜办法，我早就试过了而且没什么效果。"

答：有可能你用过的办法跟这个不是一回事。以下是两种方法可能存在的差别（为什么你的方法没有成功）。

- 你很愤怒时所采用的计时隔离并不是因为它的快速、系统、合理，而是这可能已经是万不得已的惩罚方法了。这表示你已经多次重复命令，也就是你在孩子出现不遵守规则的行为之后，并没有立即实施惩罚；你很生气，所以执行惩罚的时间太长了；你不加区别地使用了惩罚。
- 你可能做了个声明："待在你的房间里，直到你愿意好好表现为止！"听起来很多人都很熟悉，但惩罚因此被置于孩子的控制之下。这里谁是父母？应该由你来决定孩子是否以及什么时候可以离开房间。

- 可能你任意设定了隔离时间，比如 5 分钟，却忽略了孩子的年龄或问题的严重程度。如果对一个 10 岁的孩子惩罚 5 分钟，那惩罚就不会有什么效果。如果针对一个小失误，就给一个 4 岁的孩子或者任何一个年龄段的孩子，定 20 分钟的惩罚时间，那你是在给自己挖坑，因为这样长时间的隔离是不必要的，甚至可能导致孩子在这段没必要的时间里出现不当行为。
- 也许孩子一求饶你就屈服了。在你带他去坐椅子或者送他回房间时，他可能会承诺自己会听话，如果你因此让他逃脱惩罚，那么计时隔离就不能成为一种工具，而只是一种空洞的威胁。

问："如果孩子做错了，但是这个行为又不在我们这周实行计时隔离的目标范围内，我该如何处理？"

答：惩罚孩子的机会总是有的。如果孩子闹得太离谱也可以有例外，或者采取两种方法合并惩罚。

问："我女儿好像永远忍不住去骚扰她的哥哥和姐姐们，这是她最成为问题的行为。如果这周我们决定对这个问题用计时隔离，她会一整天都坐在椅子上。但是这确实是个大问题，我们该怎么做呢？"

答：试着把问题分解成比较狭义的违规行为。有个家庭也有类似问题，他们想要建立个"对姐姐友好"的规则，这样他们就可以在小男孩不友好的时候惩罚他。我建议他们把这个宽泛的规则替换成"不打人""不骂人"。这样他们惩罚的仅是具体的打人和骂人的错误行为，还可以平衡惩罚和正强化的关系，当儿子表现好或至少对姐姐表现中立时，就可以通过表扬和奖励筹码来达到正强化。

问："对于卢克我们一直有个难题，他总声称自己没有理解这些规则。有没有什么建议可以让这个不妨碍我们使用计时隔离和惩罚？"

答：我的建议是花点时间来确定孩子理解了你的意图。再次公布一旦违反就会受到惩罚的规则清单。如果孩子不识字，就用图片作为提醒。一位母亲希望能在儿子违反"不顶嘴"规则时对他处以罚款，但是担心他是否明白其中的意思。所以她花了整整一个星期的时间去解释"顶嘴的意思就是……"，只要他对妈妈放肆无理，她就加一句"下周二开始你再这样做就会失去 10 个筹码"。开始实施罚款以后，孩子一句抱怨都没有。

问："我儿子总是撒谎，他现在已经很擅于掩饰与否认了。如果我不确定他是否做过什么错事要怎么惩罚他呢？"

答：你必须相信自己的判断并且坚定立场。有位父亲也有同样的担忧，他决定把自己想象成儿子的法官和陪审团。当他觉得儿子撒谎了，他会衡量手上拥有的证据并给出"判决"，他接受了自己没有亲眼见证儿子的"罪行"的事实。然而，将对涉嫌撒谎的惩罚和对讲真话的积极后果的强化结合起来也是有益的。要这样做就得定时来到孩子身边，问他在做什么。如果他诚实地告诉你他在做的事情——当孩子做的事情没什么错的，他便没有理由去撒谎，你可以谢谢他如此坦诚，甚至可以因此给他点积分。

问："我想解决我女儿总是打哥哥小报告的坏习惯，但是我也了解我儿子，所以我想要保证在真的有危险的事情发生时，她确实会告诉我。我怎么向她解释这其中的差别？"

答：许多父母对孩子有同样的抱怨，这是个棘手问题。我咨询过一对夫妇，他们想出了一个很好的解决办法，他们告诉儿子和女儿，他们中的任何人在向父母告状之前，都得像医生那样思考。好比现在有一个头痛的病人，那么病人的问题可以用"吃两片阿司匹林，早上给我打电话"这个医嘱来解决吗？或者得用所谓的"我们最好送你去医院做 x 光检查？"这样的方法？孩子们获知，只有后者才应该向父母报告。

问："如果轻微的身体力量没办法让孩子坐到椅子上去该怎么办？"

答：别再使更大的劲儿。取而代之，处个大罚金，比如50%的日常收入或告诉孩子他被禁足一天（不可以离开家，没有电子游戏玩，不能跟朋友打电话）。然后当孩子自愿去椅子上接受隔离惩罚时，禁足将会取消。但是，罚款仍然生效。

注意：如果已经尝试了本章的所有条款而且对计时隔离仍然有疑问，你应该立即寻求专业的建议。

问："家里正好有客人时，孩子违反了规则，我该怎么做？"

答：继续执行惩罚。我知道这会让你和孩子有些尴尬，但是如果让孩子接收到这样的信息：当有外人在场时，所有的事情都不算数，那你应该猜得到，在你最不愿意看到的时候会有很多的不当行为出现。你可以平静地向客人道歉，像没有客人在时那样继续进行下去。如果客人是邻居家的孩子，让这个孩子离开就是了。

问："朱莉最大的问题出在商店。我们没法随身携带一把椅子，该怎么办呢？"

答：其实有一些有效的方法可以让计时隔离适于公共场合使用（在第6步中），但是重点是暂时只限在家里使用计时隔离。首先，在进行一些改变之前，最好先在家里形成一套体系（家庭内部方法）。其次，你需要对这个方法有足够的自信，那么当你在公共场合惩罚孩子时，就不会被目睹这个过程的陌生人的反应所打倒。最后，很有可能当计时隔离在家里奏效时，孩子的整体行为都得到了改善，包括在公共场合的行为。短短几周的时间，你就会发现再也不需要在公共场合使用计时隔离了。

问："感觉这是我一生中过得最糟糕的一周，我筋疲力尽、失望透顶，

我已经准备好要放弃了。我哪里做错了?"

答：你什么也没做错，这种感觉不是只有你一个人才有的。很多父母极其不喜欢管教孩子。因为这浪费时间和精力，毫无乐趣，常常挑起争端和孩子的负面情绪。你害怕孩子不再爱你，如果你曾经被父母虐待或者过度惩罚过，这件事甚至可能会让你回忆起自己的童年。没有人喜欢制造冲突，所以可能会让你感觉疲倦不适。但是，请尽量保持长远眼光。为人父母有时需要与孩子一起、针对孩子和为孩子做些事情，这些事情短期内让孩子觉得不快乐，但是从长远看能让他更好地改善自我、更加幸福。

同样要记住，所有的好父母都会去管教孩子。下次在满是家长和孩子的快餐厅或者商店里时，你可以左右看看，很多父母都在纠正孩子的错误行为。其实我们并不认同不愿意管教孩子的家长。

此外，本周的冲突是暂时的。接下来的两周，当你的孩子已经知道越快安静下来，就会越快离开椅子时，计时隔离的频次和持续时长就会降低。经过这段时间，孩子对你的尊重也会增加（作为成年人，你说的话是认真的并且是积极的，你欣赏别人、关心他人而且会给孩子奖励）。

最后，要明白从社会的角度来看，作为父母，你扮演的最重要的角色是，你而且只有通过你，才能让孩子社会化，并且以良好的守法公民的身份进入更广阔的社会。除了吃饭、穿衣和抚养孩子的任务，没有比这更重要的家长角色了。因为自己无法忍受就放弃承担促进孩子社会化的责任，这是作为社会群体一员的一种严重失职。我们经常忘记作为父母对社会的责任。然而，教给孩子社会的行事准则以让孩子达到社会化，是文明社会和文化的基石。

第九章

第5步：把计时隔离用于其他问题行为

以前……

"科里，求你了，咱们别像昨天那样了，好吗？"

邦尼叹了口气，转过身来，看着她5岁的儿子正慢条斯理地用勺子往桌子上洒牛奶，牛奶乱七八糟地洒得满餐桌都是。昨天科里就是无数次去往隔离椅子，中间不时大爆发，或哼哼唧唧。

"科里，别再把牛奶弄得到处都是了。我是不是要再说一遍啊！"

科里听话地把勺子放回麦片碗里，然后用吸管吸了一小口果汁，他把吸管的一端从杯子里拿出来，让果汁喷出来，溅在桌子上。

"科里！"邦尼大叫道，"我说了，不许再弄得乱七八糟！"

"你没说啊！"儿子用胜利的语气回道。

"科里·吉米森，如果你还像个2岁孩子，没个5岁孩子的样子，那你就在那张椅子上给我待上一整天！"

"那又怎么样？"科里嚷道，"反正我一直都是这样的！"

后来……

"科里，马上住手，不许把牛奶弄得乱七八糟。5——4——3——"

5岁的科里直视着母亲的眼睛，看到母亲毫不动摇地注视着他，于是他开始让勺子回归本色——舀麦片粥。

"谢谢你，亲爱的。我喜欢你照我说的做。"她递给他一块抹布，又说："给你，把牛奶擦干净，然后吃早饭。"

科里开始凭空转起抹布来。

"5——4——"

"好吧，妈妈。"儿子笑着说，然后开始收拾。当科里吃完麦片和果汁，他拿起盘子送给妈妈，妈妈正往洗碗机里放东西。

"谢谢你，科里，你记得收拾自己弄乱的地方，太好了。给你的银行额外加5个筹码吧。"

科里朝邦尼咧嘴一笑，跑出厨房去取他的代币了。

上周进展得如何？如果一切如我所警示，重新在叛逆儿童的生活里引入惩罚让你们这7天都艰难度日，那么该做个回顾了。第5步是进行反思、找出问题和重新组织的阶段。如果像"以前"场景中的邦尼一样，你也在隔离和处罚代币时遇到过麻烦，那你需要找出哪里出了问题，这样才能让这些工具行之有效。

如果到目前为止进展顺利，本周可以开始利用计时隔离来帮你解决孩子的一两个别的行为问题。首先，用一点时间确认下自己做得正确与否，以此支撑后面的努力。如果你是一位幸运的父母，可能已经取得了巨大的进步，孩子已经没有什么明显的行为问题了，那么你需要做的就是做个计划：尽管会让大家不高兴，可一旦有必要仍要使用计时隔离。再一次提醒自己哪些是有用的，就可以随时间推移继续坚持下去。

成功——行为标准是什么

你或许知道了代币处罚和计时隔离有没有用。首先且最重要的是，总体上孩子行为得到了改善。其次，孩子习惯于使用隔离法。如果满足以下标准，你就可以判断自己在惩罚措施上做得还不错。

1. **对比第 4 步一开始的时候，现在孩子每次犯错后要在隔离椅上待的时间变少了**。在第 4 步中，第一次用计时隔离惩罚时，有些孩子可能得在椅子上坐上几个小时，但是如果方法果真有效，为了减少这个时间他们很快就会主动听话，毕竟在这个时间里他们要跟自己喜欢的每件事都隔离开。

2. **孩子开始接受将计时隔离作为一种惩罚办法，其坐在隔离椅上发脾气、抱怨以及其他毛病都变少了**。在第 4 步中也讨论过，很多孩子在接受惩罚时，特别是接受隔离惩罚时，会表现得格外义愤填膺。叛逆儿童属于想到什么就必须马上得到的，因此被拿走有趣或者喜欢的东西会让他们极端愤怒。当然，这也意味着会大大地阻止孩子们犯下"罪行"，而最开始正是这些"罪行"让他们坐在椅子上的。如果孩子已经接受了隔离惩罚，这表示你已打定主意、立场坚定，而孩子知道唯一的出路就是服从规则。对有些孩子而言，他们不再大动肝火，取而代之的是沉默，寂静中你几乎可以感觉到他们在苦苦思考。

3. **在计时隔离所针对的事情上，孩子越来越能按照你的要求做**。一周时间慢慢过去，你女儿坚持做家庭作业的时间是否越来越长？你儿子现在不常打断你的电话了？现在每天只需告诉孩子 2 次去收拾玩具，而一周前是 10 次？第一次提出要求就得到回应，甚至更好的是根本不提要求孩子就做了你想让他做的事情，这都是你在有效、有区别地使用惩罚的标志。

4. **孩子经常能遵守家规**。和谐的家庭氛围很大程度上取决于每个人都遵守家规，无论是"不摔门""不骂人"还是"不在客厅吃零食"。如果因为你张贴出规则清单而且开始实行，所以孩子开始遵规守纪，那么相比以前，你的家可能感觉更加安全舒适了。

5. **作为父母，你对自己的能力更有信心**。不需要我告诉你，你应该知道要求被忽视、命令被拒绝、家变成战场，自己会有多沮丧。如果从惩罚和表扬中得到的是孩子的行为开始全面改善，那作为父母你也应该感到不那么无助，更有胜任力了。

在 1 到 10 的评分量表上……

仍然不清楚自己的情况吗？那么请再次填写第一章里的"不同家庭情境下的叛逆行为"问卷。

现在将刚刚完成的表格与之前保存的答案进行比较。看到明显的进步了吗？全面改善表示你在整体上有进步，应该继续努力。可能你还会注意到，孩子在某些领域没有进步或者没有那么大的进步。那么这些领域就是本周采用计时隔离的理想对象。

如果你认为没有任何进步可言呢？你给自己新增了一项工具，而孩子的行为却跟以前一样，仍然与家庭生活格格不入。无论如何，都要有耐心。如果你在尝试减肥，你不会只锻炼了一个星期就因为没减掉 5 千克而气馁吧。所以，如果孩子的行为还没达到你的目标，不要气馁。这个项目可能需要再坚持几个星期。可能有些事情阻碍了进展，你需要找出其中的原因。利用下面的检查表来确定自己是否按指导实施了处罚和计时隔离：

- 每当孩子出现特定的不当行为时，我都会处以罚款或实施计时隔离。（一致性至关重要。）
- 我会在孩子的第一个不当行为发生的 5 秒之内对他处以罚款或计时隔离。（迅速制裁才有效！）
- 我处分的罚款数目或者隔离的时间长度与孩子犯错误的严重程度是成比例的。

（公平公正是最基本的。）
- 我对隔离施加的"最低量刑"是基于孩子的年龄。（现实主义是必要的。）
- 我的另一半跟我用同样的方法处罚孩子。（父母双方的配合对稳步推进很重要。）
- 我确定我对孩子的处罚没有超出他挣到的数量。（过度透支，会让孩子失去所有的特权购买力，导致代币系统毫无用处。）
- 我坚持在第一周只惩罚孩子的一两种不当行为。（为了不让孩子感到承受不住，因为他们需要时间去适应新的管教形式。）
- 我确定过孩子在隔离时没什么乐子可找——没有人和他说话，手头没有玩具或其他娱乐形式，孩子不能做任何破坏性的事情。（如果孩子的孤立感不完全，那么隔离就会变得太容易完成，从而没什么惩罚力度。）
- 进行计时隔离的命令我绝对不说第二次。（严格执行是向孩子表明"你是认真的"唯一途径。）
- 我的命令明确而具体。（如果你给出的让孩子做什么的指令有模糊不清的嫌疑，那孩子因为不执行而受罚是不公平的。）
- 我在给出隔离的警告之前，会大声倒数五个数。（孩子需要这个提醒，也需要几秒钟来考虑后果。）
- 我控制自己在对孩子实施隔离之前，最多进行两次倒数。（等待太久才去施加惩罚就会让愤怒有累积的时间，而且会刺激导致过度惩罚。）
- 我从不为处罚孩子而道歉。（道歉释放出自相矛盾的信息。）
- 我总是在孩子听话之后提醒孩子，你太听话了，我很高兴。（孩子最后听到的应该是对积极方面的肯定。）
- 我记得在惩罚之后寻找孩子身上可以奖励的行为。（总是让惩罚和表扬取得平衡。）

将第 4 步踏实地执行一周之后，很少有人会觉得孩子的行为反而变差了或者说孩子的行为依然没变，但是计时隔离还是如噩梦般难以实行。如果是这种情况，你的问题可能超出了自助的能力范围，我强烈建议你能借此机会寻求专业帮助，见第三章。

在治疗实践中，我用第 5 步的大部分时间去查找问题。在使用惩罚的第一周时间里，许多微妙的差别和想象不到的小差错都可能对惩罚的使用造成影响。因为很难预料会用到什么解决方法，所以我从一线收集了很多的智慧。现在我们已经完成项目中涉及家庭内部的部分，利用这个时机正好可以来检验所有的环节，包括关注、表扬、奖励、罚款和惩罚等互相结合得怎么样。

难点与障碍

问："我儿子最喜欢的武器就是嘲笑我和他父亲，告诉我们他不在乎我们的权威。前几天，他被送去执行隔离，他的反应是在椅子上倒立。这样的话我们还有希望取得什么进展吗？"

答：首先，我希望你对他在隔离时间里做出的行为给予处罚。你必须采取这样的策略，即孩子的每个行为都得获得回应，否则激励系统或抑制系统都会崩溃。你儿子肯定是想通过倒立来激怒你，那他的全部回报就是你设立的持续一致的消极行为后果。

其次，我希望你能借此机会大笑一番，当然是私底下喽。我相信你儿子也在努力表现得好玩一些，只要不让幽默搞笑妨碍自己的坚持，就应该抓住每次机会放松地笑笑。如果你能向儿子表达出你欣赏他的玩笑，同时还能强化后果，那就更好了。

问："我女儿只有 4 岁，很难说清楚她对隔离惩罚到底是什么反应。她好像有点难过，有时候克制，有时候生气。前几天我们正好碰见她在罚泰迪熊隔离，因为它'表现不好'，她当家长的神情非常严厉。如果她是那样看我们的，是不是就得不偿失了？"

答：我对此保留判断。其实你女儿用这种方法管理自己责任内的事情是一个强烈的信号，表明她觉得隔离是有效的。她扮演你的角色时表现得很严厉，这可能是她在处理受罚后余存的怒气。但她也在模仿良好的育儿技巧。这对她来说是件好事，在她还这么小的时候就开始内化了。关键在于，如前面（第177—178页）列出的五个行为标准所示那样，角色扮演是否伴随着行为的改善。假设没有，那你需要考虑一下原因，应该检查一下计时隔离的使用情况。如果还没达到178—179页列表中的项目，那么它们都是你需要改进的地方。此外，如果对自己是否完成该过程有迟疑，请重新阅读第4步。

问："上周，每当我要送儿子去隔离椅子，他就会立刻答应我的要求。我应该让他服从要求，取消惩罚吗？"

答：不是的！你提要求以及在后续警告时大声从5开始倒数的目的就是给孩子一段时间，让他开始服从要求。如果到那个时候他还没开始行动，即使去隔离的过程中他决定马上遵守要求，也应该处罚隔离。否则你就是在教孩子每当你发出命令，就把你推到惩罚与否的边缘，然后看看他是否能逃脱惩罚。你想让他响应你初始的命令或警告。在去执行隔离的路上孩子终于服软，虽然从表面上看让他服从要求合情合理，但你却应该继续执行隔离，即使是短暂的隔离。

问："上周安东尼奥在接受隔离惩罚时反复说他恨我，不再爱我了。他爸爸去年离开了我们，因为我们离婚了，为此我已经感到十分内疚。现在安东尼奥不能和爸爸一起做事。如果安东尼奥不爱我了，我真的承受不了。"

答：你的感受我非常理解。但是这不表示你能回避自己为人父母的责任，也就是在必要的时候管教安东尼奥。实际上，孩子认可我们对他们的爱和关心，其中一个方式就是该惩罚的时候我们会认真地施以惩罚。可能在那个时刻，他没办法认同，但以后他会慢慢懂得并且尊重你的正直不阿，因为你是在非常认真地在告诉他正确和错误的行为方式。正确地管教孩子就如同为自己和孩子的未来做投资。

同时也要记住，由于你的家庭状况，安东尼奥可能已经意识到了你在管教他时的不安全感和不确定感。而且他不介意利用自己的感觉谋利。所以你一定要确定孩子没在操纵你，他的方式是通过使用他觉得会给你警告、让你投降的话来触动你的情感按钮，让你无法采取正确的管教。稍后，你可以更密切、更积极地关注安东尼奥所做的好事，以此来表达你对他的爱。但对他的爱必须这样表达：如果他不服从，你就会施以惩罚，这个规范必须贯彻到底。

问：" 莎卡上周至少被隔离了 10 次。有几次，当我问她是否愿意按我的要求去做时，她生气地看着我说' 不要！'这是我使用计时隔离失败的信号吗？"

答：绝对不是。有时候，孩子会因为没达到自己的心意，或者没办法逃脱做一些她实在不想做的事情，而感到很沮丧，因此需要更长的时间才能最终让步并愿意服从。孩子在隔离的时候说不，就是说她还没准备好服从要求。你就说，"好吧，那你就坐在那儿，直到你决定按照我说的做为止。"最后孩子会接受你让她做的事，在这个过程中她会答应得比现在还要快很多。最终她会按照你的要求去做，总的来说就要避免被隔离。但是对孩子做这样的训练需要一些时间，要耐心些，你会看到她的转变。现在放弃会对孩子的未来发展不利。

问："好的。我照你说的做了。我发现安德雷打了他妹妹，我叫他别打了，然后从 5 开始大声倒数。他还打她，我再次警告他，从 5 倒数。当然他停手了。但在过去的一周里，他又打了她好多次。除了我一直在警告他，然后不停地倒数，什么都没有改变。他当时停下来，但之后又这样做，所以我最后又要警告他。出了什么问题吗？"

答：看起来你好像对我们上一步中的有些内容有误解。我们想要孩子遵守的规则有两种。一种是我们的指令和要求。这是一些我们想让孩子能按照要求做的事，比如把玩具收起来。另一种是"家规"。这些规则我们并不想一直重复说。这些规则关乎我们期待孩子如何为人处世，是长期有效的。其他的家规可能是不许撒谎、偷窃、骂人、未经允许不准使用别人的贵重物品、不擅自拿东西吃等。"不打人"是一项家规。所以，下次孩子再打妹妹，你就告诉他要去坐隔离椅。从那天起，只要他打了妹妹就马上去隔离。没有命令、警告，没有倒数计时。什么都没有！直接隔离。这样应该可以制止孩子打人。

问："上个星期我对塔莎只用了几次隔离，那是因为我要求她收拾玩具她没照做。但我有点担心。她走到椅子那儿被罚隔离时，看起来很难过，大声嘀咕着自己好像什么都做不好。她说她干的每件事都活该受罚。有一次她甚至说她讨厌自己。这是正常的吗？"

答：不太正常，但是仅因为这样的表现不太常见，并不能说明是什么严重的问题。也许塔莎心里知道，她这样沮丧地说话，代替你用言语攻击自己，会让你很难受。就像上面说的安东尼奥，他了解妈妈，所以他要说他恨妈妈，因为这样说可以给自己赢得更多的同情，让自己快点逃脱隔离。所以塔莎可能也了解到，语言上的自我伤害会获得你的同情，你会因此让她提前结束隔离。你要确保不要鼓励孩子为了得到同情、逃避惩罚，而说出那些话。

但是，如果塔莎表现得很伤心，而且连续超过2周在大部分时间里都很难过，她可能出现了临床抑郁表现。如果她说她没有希望了，你需要认真对待这件事。不管怎样，如果她不只是在隔离时表现出悲伤，那你就需要寻求专业帮助。如果你或她父亲的家庭有抑郁症的遗传史，这一点尤为需要注意。

如果塔莎的抑郁在加深，就要停止使用计时隔离。暂时把注意力集中在特别时间上，关注她的良好行为，并且用代币来奖励她好的表现。尽快给她找一些专业支持。

问："上个星期有一天傍晚，杰尔姆被罚隔离了，因为我让他做作业，他却不肯付诸行动。爸爸下班的时候，杰尔姆正坐在角落里。爸爸走过去对他说，'嘿，大宝贝，这是怎么回事？给妈妈惹麻烦了，是吗？好吧，没关系的。你在那儿待的时间挺长了，咱们出去玩玩棒球，准备明天的比赛吧。'呃，我愤怒极了。但我丈夫说杰尔姆也是他的儿子，如果他觉得隔离时间到了，就有权否决我设置的隔离。在这件事上谁说的才是对的？"

答：你是对的。你丈夫干预你对孩子的管教是不对的。这会让杰尔姆变相地学会，在惩罚这件事上爸爸的意见很重要，而且妈妈的威胁和约束并不算数。你需要避开杰尔姆（不要让他听到）和你丈夫谈谈这个问题。告诉他你理解，他回到家很高兴见到杰尔姆，急切地想和儿子一起做些什么，但所有的一切都应该等到杰尔姆的处罚结束。让你丈夫知道，当他让杰尔姆去隔离时你不会干预他对孩子的管教，他也不该干预你的管教。如果这是一场曲棍球比赛，杰尔姆因为违反规定而被罚进了禁区，父亲并不会走进那个禁区，告诉儿子他可以在罚球结束前离开。在这儿，他也不该这么做。这是裁判的判罚。在你管教孩子的时候，你是裁判，你决定什么时候隔离可以结束。下次如果你丈夫恰好在杰尔姆被罚隔离时回来，你就在门口迎接他，微笑并把手指放在嘴唇上，立即向他发出信号，表示杰尔姆在执行隔离，他需要安静地进门。

问："我9岁的儿子会因为心烦意乱而从隔离椅上冲出来。我应该怎么做？"

答：有位父亲想出了一个有意思的方法：他和儿子用锯从胶合板上锯下

字母，用这些字母做了一个"出售（FOR SALE）"的标志。这个牌子和男孩心爱的越野摩托车放在一起。男孩每次从那张隔离椅子上下来，他就会失去一个字母。如果整个隔离时间他都能待在椅子上，他就能赚回一个字母。如果他把标牌上的所有字母都弄没了，那辆摩托车就会被卖掉。

问："隔离结束后，孩子拒绝为打他弟弟道歉。我应该怎么做？"

答：对有些孩子来说，向兄弟姐妹口头道歉不仅会让他们感到紧张，还会让他们感到羞辱。我认识的一个家庭决定让孩子给他弟弟写一封短信，作为停止隔离处罚的条件。

问："8岁的女儿尽管被罚了很多的筹码，还是拒绝坐在隔离椅上。我还有什么办法可以用？"

答：当孩子拒绝坐进椅子，你有三个选择。如果孩子的身体非常小，你可以跪在椅子后面，用双臂搂住孩子，用身体把她固定在椅子上，这是对四五岁的孩子通常使用的方法。对于大一点的孩子（尤其是11岁或12岁的孩子）来说"禁足"更适合，让孩子在短时间内（3或4个小时到1天）无法接触到任何你认定为是特权的东西。对于处于这两个年龄段之间的孩子，比如孩子8岁，要告诉孩子如果她拒绝坐隔离椅，她房间里的玩具、游戏、书等全部都会被拿走，这样就可以在她房间执行隔离了。

问："我的孩子11岁，坐隔离椅是不是太大了些。"

答：年龄较大的孩子成熟又老练，坐在隔离椅上可能不合适，那么坐在饭厅的桌子旁，或者坐在从一层到二楼的楼梯间，就是完全可以接受的。只要被排除于家庭的主流活动之外，让孩子坐着时没有娱乐活动，就会起到隔离惩罚的目的。

问:"我的孩子在隔离期间不停地给我打电话,问我问题,我不回应他的时候,他会更加心烦意乱。我应该怎么办?"

答:隔离意味着"暂时远离强化物"。对许多孩子来说,与父母交谈就是一种回报(强化)了。因此,不应该在隔离时间与孩子讨论或争辩。提前向孩子解释,在他被隔离的时候你不会和他说话,并确保孩子理解这一点。如果孩子被隔离时越发心烦意乱,并向你大声喊叫,只要孩子不离开椅子,就可以忽略。

问:"我的孩子悻悻地抱怨说,隔离是不公平的,因为大人们不需要这样做。"

答:有一个家庭,并没有因为对孩子和成人的不同待遇而陷入漫长、复杂的争论,而是同意与儿子签订一份合同,上面写明作为父母他们同意尽可能公平地使用计时隔离。按规定,儿子要在 6 个月后给父母奖品以资鼓励他们的公正。这个过程让男孩挽回面子,他就比较愿意接受隔离。而其他的父母可以直接告诉孩子,青少年和成年人其实也有隔离惩罚,那就是拘留所或监狱,其目的是一样的,只是时间要长得多。

第十章

第6步：出声思维，提前思考
——公共场合该怎么做

以前……

"布莱丹，等一下，"玛丽卡求她7岁的儿子从车上下来，"年轻人，我不想重蹈昨天的覆辙，所以请你规矩点。"

"好吧，妈妈。"布莱丹说，然后他飞快地穿过停车场，来到了离他母亲约20米远的五金店。

玛丽卡追上去抓住他的手腕，把他拽回到自己身边。"记住，乖一点。"她说。

她儿子向她咧嘴一笑，跑进了店里，立即开始在一条过道上走之字形路线，捡起这个东西，抓住那个东西，时不时地把一件东西从架子上碰下来。

"布莱丹，"母亲发出嘘嘘的声音，"马上到这边来。"玛丽卡焦急地四处张望，看看有没有谁在看他们。"如果今天你弄坏任何东西需要我付钱，那你一个星期都没有电视看了！"

"好吧，妈妈。"布莱丹一脸厌恶地说，他抓起一根杆子，旋转……转来……转去……直到撞到一个毫无戒备的顾客，他的冲劲才止住了。

"我很抱歉。"玛丽卡说，有点畏缩。她转向她的儿子，低声说："别再让我难堪了，布莱丹。"

"妈妈，"布莱丹抱怨说，"这是意外。不是我的错！"在他跺着脚的时候，他的手臂伸向了堆放在两个过道交叉口的除草剂袋子，碰掉了最上面的三个袋子，其中一个袋子里的东西洒得到处都是。

为了躲避店员的那种居高临下的目光，玛丽卡又畏缩了一下，咬紧牙关，把儿子从店里拖了出来，没有带上她想买的支架和螺丝。

"给我等着，等我们到家！"她怒火中烧，所有人都看着他们偷偷地溜了出去。

后来……

"布莱丹，住手！"当玛丽卡发现儿子正要拉开五金店的门时，她大喊道。她追上他把他拉到一边，说："布莱丹，现在要记住我们在家说过的话，进去之后，你要跟我待在一起，不要用手摸任何东西，还要保持安静。如果我们在里面的时候你全程都能这样，就会得到10个筹码。如果你没做到，就会丢掉10个筹码，你能重复一遍我们有什么规矩吗？"

"当然了，"布莱丹说，"跟你在一起，不能摸东西，不能大喊大叫。"

"你也可以帮忙，看看能不能给我们要挂起来的架子找到金属配件。我敢打赌，你一定会在我之前发现装螺丝的箱子。你的眼睛可好使了。好不好？""好的，妈妈。"布莱丹说着，拉起妈妈的手，带着她走进店里。

布莱丹表现挺好的，但是大概只有2分钟，然后他急切地想帮妈妈找到她需要的螺丝钉，于是脱身离开，开始沿着过道跑开了。

"布莱丹,"妈妈叫他,"马上停下来,否则你就会丢掉10个筹码啦"。

"但是妈妈……"布莱丹在拐弯时抗议道,然后溜出了视线。

当玛丽卡找到他,她说:"好吧,布莱丹,你已经失去筹码了。请回到这儿,遵守规矩。"

"不公平!"儿子大叫起来,把一把螺丝扔在地上。

玛丽卡走到儿子身边,紧紧抓住他的手臂,带他到附近一个角落,那里够不到商店的货物。她把儿子转过去让他面对着那堵没有装饰的墙,命令道:"安静地站在那里,直到我说你能动为止。"然后,她一边检查了一下螺丝,找到她需要的尺寸,一边给手表设置了3分钟。

等时间到了,她把儿子带回来,轻声请他帮忙捡起他扔掉的螺丝。"现在,"她说,"如果你能在接下来的途中遵守规则,就能赚回一些丢掉的筹码"。

儿子很快就收拾好残局,拉起妈妈的手,而且在付款后主动提出帮妈妈提袋子。

玛丽卡和杰西·哈里森曾以为他们已经成功了。奖赏结合温和、一致的惩罚使他们的家从战场回归成避风港。那么为什么布莱丹每次一离开家就会变回以前那个可怕的孩子呢?

因为即使有些父母成功地使用了家庭代币系统和计时隔离,也很难把学到的东西带进更广阔的世界。也许就像玛丽卡,在完成第6步之前,她是家里公平、专注和一致性的典范。但是在公共场所时,就会出事。有很多不可控制的因素,你明白什么事情都有可能发生,这会让你失去一点自信。除此之外,那里已经不是自己家的控制范围,别人都在"看着呢"。

"等我们回家再说",这句话大多数人都会有共鸣。父母教我们"不要在公共场所丢人现眼",许多管理孩子的旧方法确实属于"现眼"的范畴。被人盯着在公共场所训斥、责骂或者打孩子是很尴尬的。幸运的是,你不再需要借助于这种高压政策来控制孩子。在家里你已经使用了比较有效的方法，本章你要学会如何让这些方法在你外出的时候也好用，不论是购物、做礼拜、用餐还是旅游。我将告诉你如何用这些方法让家里面本来很费劲的特殊场合，比如假日活动，也变得易于管理。

对于一些父母来说，克服预想中的尴尬成为巨大的障碍，但是一点点经验就可以证明，在公共场合对孩子施以合理控制，并没有什么可羞愧的。其实你会发现你得到的并不是别人挑剔的神情，而是敬佩的眼神。你能迅速处理孩子的不良行为，并且想尽量不打扰周围的人，这就值得别人的敬佩。

做过另外的尝试你就会知道，对于像你家这样的孩子来说，等待以后再去让他承担后果是行不通的。但许多家长抗议说，如果不等回家我可能会反应过度，因为孩子的不良行为总出乎我的意料。我的回答是：别让自己完全被吓蒙。当家里的"杰基尔博士"（善良、德高望重）在公共场合变成"海德先生"*（恣意妄为）的时候，那种慌乱、羞辱的感觉压倒了我们，而对可能出现的问题的预见将是一剂良药。

积极主动或未雨绸缪，可以在很大程度上防止不可预知的事情失控。这是因为大多数父母在大部分时间里都是被动的，他们等待孩子出现问题行为，然后再考虑如何去处理。在进入公共场合之前，出声思维可以在很大程度上提醒孩子，即使环境发生了变化，你也希望他行为良好，就像在家里一样。正如"后来"场景中所描述的玛丽卡那样，如果在马上要进入公共场所之前告诉孩子你希望他怎样表现，那么孩子不可避免的小失误就不会迅速演变成灾难。制订计划、分享计划，然后执行计划。这样做，你可以减少50%或者更多问题发生的可能性。很多父母发现，通过提醒孩子，离家在外时，无论好坏的行为都要自负后果，这样可以防止孩子在公共场所发生不当行为。但

---

* 杰基尔博士和海德先生是《化身博士》中的人物，杰基尔博士喝了一种药剂，到晚上会变成海德先生。——译者注

是，这取决于孩子相信你会执行预设规矩的程度。如果孩子了解你在家说的话都是算数的，不用多长时间他就会明白你的话在别的地方也一样可靠。事实上，许多家长发现，在第 5 步之后，为了在公共场合阻止孩子的叛逆行为，他们需要做的就是事先向孩子陈述规则和惩罚措施，然后间歇性地对他的良好行为进行表扬（以及给予筹码或积分）。他们甚至不需要像"之后"场景中的玛丽卡那样用到计时隔离。

如何通过第 6 步让自己成为积极主动的家长，请参看以下概括总结：

1. **未雨绸缪**。预测孩子可能会出现不良行为的地方和时间，以及你可能会不再沉着冷静的地方。对孩子在这些场合里的行为提出切实可行的期望：要遵守的规则，遵守或违反规则的后果，以及外出时能转移孩子注意力的活动。
2. **出声思维**。在进入任何公共场所之前停下来，先与孩子沟通这些规则、后果和活动。
3. **执行计划**。不在家中对孩子的行为实施后果时，记得要经常向孩子提出表扬和鼓励，有必要在不至于尴尬的情况下给予合理的惩罚。
4. **推广计划**。当孩子的其他活动有重大变化，或家里有特殊活动时，应用同样的技术。

首先，是计划的前奏部分。

你觉得孩子会在什么地方找麻烦

用几分钟的时间，坐下来，拿出一张纸，粗略记下一系列地点、时间，或者孩子有可能会表现出叛逆及其他问题的场景。父母一般了解孩子最有可能在什么地方破坏规则。孩子会在超市的糖果区发狂吗？孩子是不是忍不住要玩玩具店里的每样东西？你女儿能安静地坐在做礼拜的地方吗？你儿子能在外面吃得文明点吗？我相信你对过去发生的事情记忆犹新，你知道孩子会在哪里出问题。

在有些时间段出行会比在其他时间段容易些吗？也许周六早上去杂货店买东西时女儿表现很不错，但如果她已经在书桌前坐了一整天，你还希望她在每个店里都能控制住自己，那她就会像苦行僧一样难过了。如果孩子还需午睡，那么在正常午休时间之前（或期间）为她安排任务就不是最佳时刻。孩子会很抗拒45分钟的车程，除非你事先安排一段游戏时间。

其他因素也需要考虑。孩子和朋友或兄弟姐妹在一起时会表现得更好吗，还是说，同伴关系只不过是让孩子获得了一个潜在"犯罪同谋"？如果孩子容易急躁或易怒，那在不同的情况下，同一个地方可能会对他造成不一样的影响，比如拥挤的电影院会比空荡荡的电影院带来更大的挑战吗？敏锐地把握哪些事情会给孩子带来困扰和抚慰，可以帮助你准确地预见潜在的问题。

你什么时候最尴尬

害怕尴尬肯定会妨碍你在公共场合管理孩子的行为，所以你需要预测自己对潜在问题的反应。拿出另一张纸，写下孩子在哪里制造"现场"最容易把你弄得尴尬。有些父母不太注意孩子在杂货店里的不当行为，但他们会因为孩子在餐厅里叽叽喳喳而感到难堪。有些人不介意孩子在公共场合吵闹或过度活跃，但不能容忍孩子的粗鲁。你生气的点是什么？不管是什么给你带来焦虑和尴尬，都会威胁到你管理孩子时保持冷静的能力。这些情况下可能需要额外的预防措施，比如用额外的激励和娱乐活动鼓励孩子良好的行为，或者在进入公共场所之前另外向他重复规则。如果这些情况真的让你感到很紧张，那你可能并不想把这些地方当成试验场所，起码在其他环境里获得信心之前是这样的。

不过请放心,在家取得的成功会自动迁移到其他场所。信誉度是有力的支撑。孩子知道你确实会按规定对他的不良行为施加后果,所以他一般从一开始就不敢放肆。如果他真的出了问题,只要你愿意采取迅速果断的行动,其破坏性就应该比过去少得多。此事定案的最好途径是去尝试,让我们开始吧。

公共场所要怎么做

1. **进入公共场所前,向孩子说明规则**。第一次带孩子外出时,不要直接进到商店、寺庙、餐厅或其他公共场所里,在此之前停下来告诉孩子有什么规则。保证规则简单、直接,例如在商店就是要"在近处站着,不要用手摸,不能要求买东西!"。至于做礼拜的地方,可能是"不要毛手毛脚,不要说话!"。对大一点的孩子来说,规矩可能要复杂一些,比如在餐馆"坐在你的座位上,不许碰妹妹,用餐具吃饭"。但是不要忘了在第四章学到的具体性原则。本章开头的"以前"场景中,玛丽卡犯了概括化错误,比如她说"别让我难堪"或"乖乖的",同时也含糊地提到昨天发生的事。当你在公共场合,重要的是不要把规则的解释权留给孩子。定的规则要清晰、简洁并且具体。

   现在要让孩子复述规则,确定他听清而且理解了。

   如果提前思考,你就会知道像杂货店这样经常光顾的场所应该有哪些规则。你可以根据不同的情况来调整,但是要建立某些特定规则,要孩子在商店里始终遵守。然后,下次你去商店的时候,你只需要在外面问他一下,"我们有什么规矩?"如果孩子记不起来了,就再重复一遍,并让孩子也重复一遍。

2. **给合作提供奖励**。若孩子能遵守你设定的规则,那最简单的奖励就是从代币系统中给他一定数量的筹码或积分。可以在外出过程中间隔地发放,也可以在行程结束时一次性发放,但如果是后者,那途中一定要经常表扬孩子遵守规则。如果孩子太小了,还没使用家用代币系统,你可以带上一小包零食,在商店外面告诉孩子,在公共场所遵守规则你就会给他吃这些零食。如果这些想法都不能实现,或者有时除此之外需要额外的激励措施,你可以向孩子承诺在行程结束时会给他额外的奖励。("如果你在商店里遵守规则,你会得到 10 分,因为我知道快到儿童节了,在玩具店你会很容易兴奋。回家路上我还会停车,租一张光盘。")不过请有选择地使用这种激励方法,否则可能每次出行,只要孩子配合,他就会期望你给他花点钱。

3. **解释如果他不合作会受到怎样的惩罚**。重申一遍,最简单的方法是扣除代币,"吃晚饭时如果你违反规则就会失去 10 个积分",但也要做好使用计时隔离的准备。这是许多家长犹豫不决的地方,他们要么觉得计时隔离不太实际,要么觉得在公共场合不适宜。我向你保证计时隔离并没有什么不现实的,因为你经常光顾的地方对你来说无疑是熟悉的,你可以很容易找到一个阴暗的角落,在那里执行隔离不会不合适。没有人愿意对旁观的陌生人表现自己的"残忍",但是让孩子安静地站在一个无聊的地方,并不比拖他走或者对他尖叫更残忍。同样,大多数旁观者也会认同,你在努力阻止孩子在公共场合对别人造成影响。

　　要在公共场合有效使用计时隔离需要遵循以下要点。无论你告诉孩子他的不当行为之后会有什么后果,都要确保具体、合情合理,并且提前规定好。在"以前"场景中,布莱丹不相信母亲会真的取消他一周的电视特权,因为惩罚与犯罪行为不成比例,所以这显然是出于一时的冲动,而不是理性的思考。另外,一旦有必要施行后果,就要立即执行,不要重复命令或规则，也不要和孩子谈判。就像在家里一样，谈判和再给一次机会会让你丧失施行后果的信誉度。

4. **给孩子一些事情做**。所有的孩子都喜欢帮父母做事，愿意完成有意义的任务，完成这些任务可以避免旅途中的无聊，也不会让他们觉得这些任务是大人的，跟他们无关。这对你和孩子来说都是外出过程中特别有趣的部分。如果孩子年龄够大，可以在去商店的路上找个时间问问他能帮什么忙。你也可以提一些想法，比如帮你在货架上找东西、检查购物清单、提一个小袋子，或者把东西从购物车里拿出来，都是孩子在商店可以做的事情。在餐厅等餐的时候，你可以考虑邀请孩子来帮忙，让他逗弟弟妹妹玩"我用眼睛侦察到 *"的游戏。请发挥你的想象力。非结构化的情境需要填补活动内容，你不要总是去支持孩子做出的选择。反之，事实证明父母有计划地安排活动可以减少孩子的破坏性行为。

本周请先完成两次试验性的外出，到广阔的世界去试试。选择两个容易出问题的典型场所，一个是你孩子会出问题的场景，另一个是你觉得管教孩子最让人不舒服的场景，在那儿安排一次出行，目的就是使用刚才说过的方法。这些演练应该会证明这些技巧的有效性。如果遇到什么麻烦，你也不会损失什么，你不会就此再也不敢出去买晚餐食材，也不会因此无法外出就餐（急需的）。一旦获得一次相对成功的经历，你就可以在真实生活中开始使用这些方法了。

---

* 我用眼睛侦察到（I spy with my little eye）是一个游戏，游戏中"我"看向一个东西，并说出这句话，然后让其他人猜测并说出我的眼睛在看什么。——译者注

外出时使用计时隔离

1. 当进入公共场所,在你还不了解的情况下,你要做的第一件事是扫视这个区域,寻找一个可能执行计时隔离的地点。可能的位置列在第198页的表格中。如果没有可行的隔离地点,可以试试下面的方法:

   - 迅速把孩子带到外面,在离大门很远的地方对着墙壁执行计时隔离,这样就不会招来进出大楼的人的评论。
   - 把孩子带回车里,让孩子坐在后座上,或者坐在后座的地上,而你坐在前座,或者你可以站在车外面,但要始终拿着钥匙站在车旁边。
   - 随身携带笔记本,记录孩子的违规行为,并且向他解释,按照规矩,每记录一次违规,他回家之后都要执行一次最低时长的隔离。
   - 携带一支记号笔或钢笔,每次孩子违反规定时,都在他的手上轻轻画上一个醒目的记号。每一个标记都算作一次最低时长的隔离。

2. 当孩子违反规定时,立即带他到指定地点,告诉他待在那里,直到你说他可以离开为止。整个过程与在家里执行的相同,唯一不同的是,孩子每大一岁只需要在这个地方多待上30秒。通常在公共场合,较短的隔离时间也会起到同样的威慑作用,因为孩子周围有更多吸引人的娱乐活动,而且如很多孩子的父母所料,他们会因为隔离感到难堪。

   当对孩子执行隔离时,要在近距离监督孩子,但是要让自己有点事儿干,比如核对购物清单、看货架上的商品,或者如果有智能手机的话可以回复电子邮件或者短信息等。

3. 对孩子的处罚结束后,如果他安静了一会儿,并答应从现在起遵守规则,那么你可以把他"释放"出来。但是如果他在此之前就逃脱了,就要重新开始隔离,并跟他说如果再这样做的话,他就会失去一定的积分。如果他真的又逃跑，就按规定罚款，继续让他隔离，直到他合作为止。如果你发现自己已经无计可施，就要中断行程，把孩子带到车里，在你的监督下执行计时隔离。

自驾游途中的惩罚

长时间的驾车旅程中如果带着叛逆、过度活跃的孩子，那这场噩梦之旅将充斥着他与兄弟姐妹之间的争吵，这是在考验你能否一边驾驶一边管教孩子，期间还伴随着无限循环的重复问题："还没到吗？"如果采用第 6 步的方法就不会那么糟糕。如前所述，在出发前复习一下规则，带上足够的娱乐项目（游戏，或者玩具、手持便携式电子游戏机，同时想一些有趣的活动，如寻找其他州的车牌、不寻常的车型，或者唱歌），告知孩子违规的后果，会和在其他地方一样减掉积分或筹码。不要在开车的时候执行计时隔离。有些父母认为孩子受制于此，所以隔离应该很容易，但是你可能没办法做到同时充分地监督和安全地驾驶。如果有必要采取隔离，可以把车停在一个安全的地方，比如购物中心的停车场，让孩子在车后座上或者在车外铺上地垫执行计时隔离。无论在车里还是在外面，千万不要让孩子无人看管。

其他情况下的出声思维和提前思考

叛逆儿童往往很难按要求完成必要的过渡，无论是从玩耍时间到睡觉时间，还是当家里从安静变成满是亲戚，或者从做喜欢的事到不喜欢的事。拿出第三张纸，记下孩子常常会遇到困难的所有重要过渡期，不仅是指从喜欢的活动转换到不喜欢的活动，比如从玩耍时间到作业时间，看电视时间到洗澡时间、户外时间到晚饭时间，也包括孩子预期非常愉快的活动。因为有朋友来家里、开生日派对，或者邀请祖父母或表兄妹来家里过假期，都会让叛逆儿童非常兴奋，使之总处在情绪失控或者崩溃的边缘。温柔且坚定地告诉孩子，你期望他遵守什么规则，以及维护或打破规则的后果，通过这样的方式让事态平息下来。遇到节日躁狂症这种困难，孩子也在努力保持冷静，要对其努力保持足够的敏感，给予额外的表扬甚至额外的奖励。

公共场所实施计时隔离的最佳地点

在百货商场：面向货柜的背面，或相对空旷走廊的一角；面对衣架；在客户服务部或其他无人问津的非销售部门的一角；洗手间的背阴角落；附近的换衣间；母婴区，这里顾客较少，可能都是惺惺相惜的妈妈们！

在杂货店：面对冷冻食品柜；商店最僻静的角落；在贺卡区，你看贺卡的时候，孩子面对着柜台的背面。

在餐厅：一般来说洗手间是最可行的了。

在别人家：一到他们家，你就告诉主人你会用新的方法管教孩子，如果主人愿意配合你，会指定椅子或角落。

难点与障碍

问："我觉得没必要找一项我儿子能做的任务让他在出门在外的时候帮助我。不管他怎么努力，似乎总是把事情弄得一团糟，如果他违反了规则，我最后都会对他发很大的火。我应该怎么办？"

答：虽然孩子能帮上忙对其自尊心发展十分有益，但是孩子很容易就能识破你的套路。你儿子很可能知道，当你让他在这些情况下帮忙时你其实是在施以恩惠而不是因为信任他。他甚至可能用挑衅的方式——把事情搞砸——来告诉你他觉得你不够坦诚。别再想着给他准备一个任务了,还是专注找一些让他觉得有趣的事情去做吧。经验表明,任何安排好的活动都比没有强,即使不是特别有建设性。充分发挥你的想象力。在杂货店,不要让他找你喜欢的花生酱品牌,而是告诉他,"火星人"来到地球要收集所有小孩子不喜欢的食物,他可以帮助他们拿走它们。想看到什么食物从这个星球上消失,就指出食物在货架上的位置,帮助"火星人"把这些食物带走。

问:"我不愿意在节日给儿子制定额外的规矩。他是如此兴奋和快乐,而我害怕全公司的人都在家里,对他太严厉会带来一场灾难。有什么建议吗?"

答:事实上,许多家庭会在节日等特殊活动期间,避开一些日常规则,并减轻其后果。某个节日前后,我们组织了一个家长团体,其中几对夫妇觉得,要解决大型家庭聚会中的混乱,需要对公共场所的管教办法进行改进。他们只选 2 或 3 种重要的规则(比如不许在家里跑),并在节日当天的早上,在亲戚们到来之前告诉孩子。孩子会因为遵守或违背这几条少数规则而不是日常的家规,获得或损失代币。隔离惩罚的执行也会缩短到 30 秒每岁(按年龄)的时间。提前思考、形成现实期望、适应眼前的形势,这是个非常棒的例子。

问:"因为车后座上总是争吵不休,其实我们已经不再开车度假了,但今年我们得去几百千米外的地方参加家庭聚会。对于一个在车里表现不好的孩子,你推荐什么激励方式?"

有个家庭也有类似的问题,推广一个他们的妙方:开长途车去看望祖父母的路上,他们告诉儿子,只要他在 15 分钟之内不跟任何人发生争吵,就可以获得 25 美分*,他可以在旅途期间就把钱花了。他们在前座中间的操作台上

---

* 若按汇率 1 美元 =6.8 元人民币计算,25 美分 =1.7 元人民币。——译者注

放了一个储蓄罐，在整个行程中每隔15分钟就往里面投25美分。到目的地时他们共花掉了20美元，他们发誓这是他们花过最值的钱。但他们也会定时停下来休息，也随车带着长途旅行中孩子可以玩的娱乐项目，并频繁地表扬和赞赏孩子持续的好行为。

问："我们去旅行时，车里塞满了东西。当儿子需要在车里执行计时隔离时，其他人应该去哪里？"

答：有个家庭对此有先见之明：父母买了一大堆杂志，给大孩子买了摇滚音乐和时尚杂志，为中间的孩子买了漫画书，给大人买了一些新闻杂志，在需要执行隔离前这些杂志都放在看不见的地方。然后，当他们在休息站停下来休息的时候，他们会冷不防地把杂志拿出来，当小儿子坐在他们的运动型多功能车的后备箱上无事可做时，他们就在前排和后排座位上读杂志。这几分钟，就足够让他在接下来的几个小时里控制自己的行为了。

问："多年来，我的孩子一直在公共场合为所欲为。我没法相信现在她会认真对待我的管教。"

答：如果你还只是在家里虚张声势，那她的确不会认真对待你的。但是如果你一直在坚持立场，孩子现在应该相信你说的话是认真的。如果你已充分表明会像你说的那样执行计时隔离，那你可能会很惊讶，女儿在公众场合不怎么挑战你的权威了。

问："既然在家里进行计时隔离和罚款对我们很有效，为什么我们不能明确地告诉孩子在公共场合出现任何不当行为都会在回家后受到惩罚？"

答：对于大多数孩子来说，这种"等我们回家再说"的方法是没有说服力的。他们需要你对不当行为立即采取行动，就像他们的良好行为需要直接的肯定，是一回事。许多叛逆儿童，尤其是患有多动症的孩子，无法保持这种思维：思考以后会发生什么，无法以这种方式来控制他们现在的行为。

这就是为什么，你要持续在家里使用代币和计时隔离，要在家庭中灌输这个理念：每个行为，无论积极还是消极的，都会换来你始终如一且可预测的回应。如果，不管出于什么原因，你没办法当场施加后果，就在笔记本上记下违规行为，或者在孩子的手上做出明显的标记，作为即时反馈，预计以后会有严重的后果。

问："我不能打断正在参加的活动去执行计时隔离吧。在我本应该听人说话的时候，讨论积分、罚款听起来都有点搞笑，但是当我试图在女儿的手上做记号时，她根本不理我。我还能做点什么呢？"

答：直接提醒孩子回到家会发生什么，可能更易于理解，事实证明其更具强大的威慑力。有些孩子看到手背上的印记，在视觉上有足够的强化作用。但有的孩子却不是这样。我发现对他们来说，给他们看一张自己坐在隔离椅子上的照片能让他们集中注意力。要让这个工具有效果，就要确保在进入活动空间之前让你女儿知道，每在她手上画一个标记，回到家后都会换来一次计时隔离。

第十一章

第7步：协助老师一起帮助孩子

以前……

"谢谢你，桑托斯老师。我会和丈夫谈谈这件事，然后马上给你答复。相信我，我们确实很重视这个问题。很高兴你打电话来。"

"杰克，马上给我下来！"珍妮特把手机放在厨房的桌上，大喊道。她9岁的儿子从楼梯上飞驰而下，当他看到母亲脸上的表情时，他一动不动地站在那里。

"怎么了？"杰克小心翼翼地问。

"杰克，我刚接到老师的通知。我想，你今天在操场上惹了一点小麻烦？"杰克深吸一口气，点了点头。

"然后你在科学测验中扰乱了整个班级，桑托斯老师不得不等到明天再重新测验？"

"这不是我的错，妈妈！"杰克呜咽着，跺着脚，开始把手往厨房的门框上撞。"我早早地做完测验，实在忍不下去，太无聊了！"

"杰克，这不是制造噪音、扔纸团和在别人需要集中注意力的时候去干扰人家的理由。桑托斯老师说你在完成的那个测试中只得了60分！你一直表现得非常好，你怎么了？"

"我不知道啊，妈妈。"杰克耷拉着脑袋说。

"好吧，我得跟爸爸谈谈这件事，但我可以告诉你：你今天所有的特权都取消了。""妈妈！"杰克抗议。

"没有讨价还价！"妈妈厉声说着，同时拿起手机，拨了个"2"打到了丈夫的办公室。

"哦，嗨，亲爱的。"珍妮特说着的时候，她的儿子拖着沉重的步子爬上楼梯。"好吧，我觉得美好的日子到头了……"

后来……

"现在4点了，杰克，"珍妮特一边说，一边从角落里往厨房里看，"赶紧把你的零食吃完，然后来餐厅，我们要检查一下你今天的报告。"

杰克从背包里拿出一张纸，来到母亲身边。当他递给她那张纸时，他叹了口气，说："妈妈，我今天做得没那么好。"

"哦？"母亲温和地回答，"我们看一看。"

简单看了看，她抬头看着儿子，说："亲爱的，我看到你今天得了两个1级，太棒了！必须在你的支票簿上加50分。"

在进入正题之前，珍妮特花了一点时间镇定下来，她回头看了看报告纸，然后说："我发现你今天在操场上遇到了一些麻烦。告诉我发生了什么事。"

"那是帕特里克·卡斯特的错，妈妈，是真的！趁桑托斯老师不注意时，他不停地推、推、推，我最后教训了他一顿！"

"你知道，杰克，但在家里和学校里打人都是严重违反规定的。我敢肯定，根本不值得你花掉 25 个积分。"

"帕特里克才应该被扣掉分数，"杰克愤怒地念叨。珍妮特不理他，声音保持平静："我猜课间休息后事情就开始走下坡路了，杰克。因为你，桑托斯老师明天得重新给你做科学测验，她很不高兴。发生了什么事？"

杰克回答说："这个测试很简单。我在别人完成之前就搞定了，我真的很无聊，总不能一直那样坐着吧！"

"杰克，由于这种行为，桑托斯老师给你评了 5 级，这意味着你又丢了 25 分。顺便说一下，在你回家之前，桑托斯老师不辞辛苦地给你的测验打分，她在这后面写的是你得到了 60 分，所以很明显，实际并没有你预料的那么好。"

"什么？！"杰克愤怒地叫道。

"来，杰克。让我们看看明天你要怎么处理这两种情况。那么多的 1 级却被一个 5 级给冲掉了，太羞愧了，对不对？"

如果你没有接到孩子老师的电话或通知，而且孩子的学习成绩在可接受的范围内，那你可能现在还不需要做第 7 步。有些孩子在学校从来没有叛逆行为，有些孩子从第 6 步开始就进步巨大，他们的行为转变自然地渗透进了教室、渗透到了操场。无论如何，请读完这一章，那样假如将来孩子在学校的问题加重了，你就不会措手不及。

在任何情况下，儿童出现问题的可能性很大程度上都取决于其叛逆行为的严重性。一个极端叛逆的儿童可能会和老师发生很多争吵，就像跟你，或者跟社区游泳馆的救生员一样多；一个非常叛逆的儿童不仅会违反家庭和社会规则，很可能也会违反校规。对于行为靠近连续体中间部分的孩子来说，有多种因素都可能会让他在学校里发生叛逆行为，从学校的结构水平与孩子性格的适合程度，到师生关系中的社会挑战模式。

现在的学校生活对孩子来说可能是一帆风顺的，但是假如来了一位新老师，或孩子从小学升到了中学，或爆发了某种社会冲突，情况还是会这样吗？最重要的是记住，即使在只有正常冲突水平的情况下，叛逆儿童在自我控制、适应和保持理智等方面也会有困难。随着孩子的成长，学校生活会带来新的挑战，而他很可能会以消极行为对此做出回应。

如果孩子上学一直不太顺利，那你肯定早就有所耳闻，因此就可以立即开始采用第 7 步。否则也请做好必要时使用第 7 步的准备，并切记在校行为的"复发"并不一定意味着蜜月期结束了，可能只是暂时现象，用本章所示的方法很容易就能解决。我合作过的大多数父母都能在一两个月内逐步停止使用这个方法。

无论何时，当需要用到第 7 步时，请做到下面的几点：

1. 当孩子在校的不良行为引起你的注意，你需要与老师讨论"每日学校行为报告卡"，以下几页会对其进行解释。你们可以一起就需要解决的具体问题以及老师每天如何报告孩子的行为达成一致意见。
2. 跟孩子解释这个体系：为了帮助他克服在学校里出现的行为问题，老师会持续追踪孩子的行为，包括在教室、操场上，或二者兼顾，并每天给家里递送孩子的行为报告卡。然后查阅报告卡，根据老师当天给孩子的成绩，从家庭代币系统中添加或减去筹码或积分。
3. 每隔数周，安排与老师见面一次，讨论进展并回顾报告。
4. 提前安排至少两三周的时间来实施这个体系。然后如果成功了，从每天报告改成每周或每个月出两份报告，根据这一步的效果，后面逐步全面终止此系统。

取得老师的配合

要想把这个计划付诸实施，你需要得到老师的配合，这可能需要些技巧。

在提出每日行为报告卡的话题之前，想想迄今为止你和孩子与这位老师建立的关系。你们是否有共同帮助孩子的协作意识（甚至是共谋）？老师是否认为你是一位配合的家长，对孩子的表现有现实的认识，并对老师抱有共情？你们之间的交流是有建设性的吗？老师仍然愿意帮助孩子，还是对孩子无情的破坏行为恼羞成怒？所有这些因素，都可能影响引入计划时所得到的回应。

请记住，所有老师都有很多事情要占用时间和精力，而你所要求的（至少在一开始）是在他们的忙碌清单上又增加了一项内容。你需要表达的是，你将会负责做大部分的工作，你将承担起后果实施，最重要的是，老师将会从中受益。大多数老师会欣然接受这样的提议，特别是如果他们已经尝试了所有已知方法来纠正孩子的在校行为。其实可以这样介绍计划，把它作为矫正神器，改善老师管理课堂行为效果不理想的现状。我们发现行为报告卡系统和这些课堂行为管理技术同样有效，有时比那个更有效，而且它总是会强化课堂方法的有效性。

老师可能会尝试很多方法来帮助叛逆儿童坚持完成这个计划，其中很多方法最初都是为多动症而开发的。他们可能会采取简单的措施，包括让孩子坐在老师桌子旁边、张贴包含规则的标语，把写有书面作业规则的卡片放在孩子桌面，或者在新课时或新活动开始前让孩子重述规则。我培训过教师，让他们使用与家长计划非常相似的方法，包括给予积极的关注和有效的命令，以及在学校建立某种代币系统。但是当这些方法获得本章所述的家庭代币系统的支持时，效果通常会得到很大的提升。

有一所学校设置儿童适宜行为的奖励积分，可以在学校的商店里兑换铅笔、橡皮和其他类似的物品。据本校的一名12岁男孩的父母说，项目的问题在于，这个商店里能换到的铅笔或其他任何东西他都不想要。他只在乎放学后能不能跟朋友一起去树林里玩儿、骑四轮车、偷偷抽烟或看看"少女杂志"。很明显，这项学校行为矫正计划并没有激励孩子主动改善自己的行为。但是当把它与男孩在家取得的奖励联系起来时，却达到了目标。

如果你经常接到老师的电话或被书面告知孩子的行为，自然就有机会向老师提出计划。否则，你也可以打电话给老师，约老师来访谈，看你能做些什么帮助老师改善孩子在学校里的行为。告诉老师你的想法是某个项目中的一个步骤，你觉得这个项目对改善孩子在家里和公共场合的行为非常有帮助。如果一直没有和老师讨论过这个项目，就向他概括地介绍一下家庭代币系统，以及你在管理孩子时所采用的原则。你可能会惊喜地发现老师已经对这种技术很熟悉了。随着多动症和对立违抗性障碍之类的问题为人们所熟知，行为管理方法已经变得非常普及。

如果老师同意这个想法，问他是否愿意在与你见面之前，填写217—219页的行为报告卡以及209页上的表格，这样你们就都做好了准备，可以将目标集中在孩子的特殊问题上。

当你们见面时，要承认孩子的行为问题，并对老师为孩子所做的努力表示感激。强调你很有信心，孩子在学校之外取得的进步能够带动他在学校里的表现。然后解释报告卡的原理：你会在家里对孩子在校的行为施加后果。老师要做的就是每天用很短的时间填写学校行为报告卡，至少一开始的时候要这样。你会监督孩子把报告卡带回来，如果孩子没有做到，你就会处罚。你会用筹码或者积分鼓励孩子良好的在校行为，通过扣除筹码或积分防止不良行为。

询问老师，她观察到的孩子最大的行为问题发生在什么时候（让我们假设老师是桑托斯老师）——在课堂上或在自由时间，比如课间休息时？用她填写的表格把目标聚焦在更具体的问题领域。本章要向老师介绍报告卡的两种形式，一种是用于课堂行为的课堂报告卡，对已经填上的特定行为进行评分；另一种形式用于评定课间和自由时间的行为。

不同学校情境下的行为

写给老师的话:你觉得这名儿童在以下各种情境中遵守指令、命令或者规则方面有问题吗?如果有问题,请圈"是",然后圈出代表其问题严重程度的数字。如果没有问题,请圈"否"。最后算出孩子在各种问题情境中的总分,以及在这些问题情境中的平均分。

问题情境	是/否	轻度　　　　　　　　严重
刚到学校	是/否	1　2　3　4　5　6　7　8　9
个人学习时间	是/否	1　2　3　4　5　6　7　8　9
小组活动	是/否	1　2　3　4　5　6　7　8　9
班级里的自由游戏时间	是/否	1　2　3　4　5　6　7　8　9
班级集体上课	是/否	1　2　3　4　5　6　7　8　9
课间休息	是/否	1　2　3　4　5　6　7　8　9
午餐	是/否	1　2　3　4　5　6　7　8　9
在学校大厅	是/否	1　2　3　4　5　6　7　8　9
在洗手间	是/否	1　2　3　4　5　6　7　8　9
外出郊游	是/否	1　2　3　4　5　6　7　8　9
特别集会期间	是/否	1　2　3　4　5　6　7　8　9
在公车上	是/否	1　2　3　4　5　6　7　8　9

问题情境总分:_____　　问题程度平均分:_____

和老师讨论哪个对孩子最有帮助，指出你希望把需要改善的目标行为数量先限制在 4～5 个，等这几个行为变好了，再通过双方协商加入其他的。也要解释，你觉得需要包括 1～2 个容易成功的行为。这样才能与家庭系统一样，孩子不至于到最后因为问题行为而受到太严厉的惩罚，把一整天的积分都丢了。反之，他能在成功中弥补自己的失败，从而获得希望。

问问老师，她更愿意让你准备一叠卡片供她使用，还是与孩子共处时每天给她一张。

现在要解释一下怎么使用报告卡：每堂课或课间结束后，老师要在报告卡上对孩子的每个行为进行 1 级（优秀）到 5 级（很差）的评分，在报告卡背面写上针对行为、环境或者分数的评语。然后，老师在评分处签名。每天，在快放学时，老师会将卡片交给孩子，让孩子带回家交到你手上。

你应该和老师讨论一下，一开始的时候，是否针对孩子在校的每一段时间都进行评分，还是只对选定的课时进行评分。从小事做起，孩子一开始会在一两个项目或时间段上看到自己的进步，这是很有意义的；以后，老师可以逐渐把这个体系扩展到一整天。

让老师在卡片的背面或者另外单独记录她随着时间推移开始在孩子的行为中看到的一些进步。孩子的进步在报告卡上反映出来的应该是越来越多的 1 级和 2 级评分，不过多花点时间用文字记录这些进步，就能在老师心中巩固孩子的进步，孩子也能得到老师和你具有重要意义的表扬。告知老师你打算保存这些报告卡，询问老师能否隔几周跟她安排一次会面，共同核对报告卡以及孩子取得的进步。

在家核对报告卡

形成规律的日程，在每天放学后尽快和孩子一起核对报告卡。当孩子拿出报告卡，开场总是从表扬孩子的部分开始（1级和2级）。把"先表扬"的原则介绍到学校里来，有助于促进老师在报告卡上评出好行为。只有在这样做了之后，才能用中立、公事公办的态度就比较差的评分（4级和5级）进行讨论。如本章开头"后来"场景中的珍妮特和杰克，询问孩子不好好表现的原因是什么，但是如果孩子开始陷入长篇大论或抱怨这一切不公平，那就继续进行下一步吧。要明确的是，你要信赖老师的评价，那是基于她客观公正的观察，不要去相信孩子的借口或把孩子的行为归咎于其他人。现在，依据报告卡上的评分加上或减去一些积分或筹码（8—12岁儿童用积分，4—7岁儿童用筹码），建议参考以下的评分等级：

1 = +25 分 /+5 个筹码

2 = +15 分 /+3 个筹码

3 = +5 分 /+1 个筹码

4 = -15 分 /-3 个筹码

5 = -25 分 /-5 个筹码

把正向评分的分数加起来，减去负向评分，然后在孩子当天从家庭和公共行为上获得的收入中加上或减去积分或筹码。如往常一样，让孩子用一天的总收入换取特权。

可评定的行为

与家庭代币系统一样，日常行为报告卡的成功取决于合理地选择要评定的行为。除了表格上列出的项目外，以下是许多父母的目标行为。当你和老师一起设计孩子的报告卡时，请考虑以下这些行为。

社会行为

- 与同学分享
- 友好地与同龄孩子一起玩耍

- 游戏时间遵守规则
- 在团体中协作
- 坐在指定的座位上
- 安静地做作业/玩耍
- 上课准时到
- 桌面和柜子整齐有序

学习成绩
- 完成数学（还有阅读、科学、社会学习等）作业
- 把家庭作业带回家
- 完成家庭作业
- 按时提交完成的家庭作业
- 有课堂学习需要的材料
- 完成课堂作业
- 遵循指导
- 作业整洁
- 完成测验
- 在交测验前检查作业

要克服的消极行为
- 打、推或欺负别人
- 破坏学校或班级财产（在教科书上写字、毁坏游戏设备等）
- 没被点名就自行打断老师或者讲话
- 未经允许离开指定座位/教室/操场
- 骂人或者说脏话
- 戏弄、侮辱或嘲笑其他孩子
- 过于吵闹
- 过于愚笨，成了班级的小丑

难点与障碍

问:"老师觉得不值得花时间尝试新办法管理我儿子的行为,她甚至不愿意和我见面讨论这个想法。我该怎么办?"

答:首先,试着向她解释,这个计划实际上更多地靠你完成,不是她。老师需要做的是记录行为的等级,一天只要用几分钟时间,后果留给你来处理。要指出的是,如果你儿子的行为很差,毫无疑问,她已经花了大量时间在关注他的表现,所以这个计划并不需要额外投入关注。

询问老师,她是否愿意试用一个星期,条件是如果她发现你儿子的行为在星期五之前有所改善,她要重新考虑这件事。

如果她不肯让步,可以跟学校的心理医生或辅导员谈谈。有可能这位老师没有时间或主动性去专注于个性化行为管理,或者她没有相应的教育背景,无法理解这件事带来的好处。她可能更愿意接受某位专业教育人士的要求。

如果老师完全拒绝合作,就和校长谈谈。所幸这种反应是很少见的,因为如果老师不肯牺牲自己的一两分钟时间来帮助家长改善班里孩子的行为,那是非常不专业的。但如果这确实发生了,你可以跟校长谈谈,选择把孩子转交给另一位老师。如果所有这些都失败了,你仍然可以部分地执行这项计划,方法是奖励已知的孩子的行为,包括如果在一定时间内没有接到老师的电话,就奖励孩子一些积分;如果没有收到行为评语,则另外给予孩子一定的积分奖励等。如果孩子所在学校的纪律条款包括,比如因为违规行为和破坏规则被罚课后留校,那么可以依据每次的课后留校来处罚孩子,而如果孩子在预定的时间内没有被留校就给他奖励。

问:"老师让孩子带回家的报告卡一直都是满满的 4 级和 5 级,我们该怎么应对?"

答：假设你认为这些评级不公平，那么在这种情况下就得靠自己的判断。如果孩子抗议说自己无辜，而且你对评价结果也不太接受，那就和老师谈谈，询问孩子不当行为的具体细节。这一步的成功取决于每位参与者的准确度、一致性和公正性。也许老师有点过于激进，因为他的理念可能是：成绩糟糕的报告卡会更快、更强有力地促进孩子改变。但现在你亲身体验到积极强化比过度惩罚更有效。而家庭项目与此异曲同工，如果能巧妙地解释二者的相似之处就好了。如果做不到，那就委婉地给老师提个建议：在报告卡上加上孩子容易表现好的项目，这样孩子就会继续努力主动改善他在学校里的表现。如果老师拒绝（好像也不太讲道理），那就去找校长寻求帮助。

问："吉米的老师说她要填的表格太多了。她很愿意帮忙，但是更愿意每天给我们做个非正式的报告。我们应该同意吗？"

答：也是可以的。但是如果没有一种系统的方法来评价孩子的行为，则可能很难设立一致、公平的后果管理。我们有时会推荐记日志而不是写报告卡。情况是，有一本速记本或活页本，在父母和老师之间来回传递，笔记上记录的都是孩子在学校环境中的表现以及家长和老师向彼此提出的任何问题。

问："我女儿正在竭尽全力与我们对抗，她根本不带报告卡回家。我们应该怎样做？"

答：她不肯把报告卡带回家，对此要严厉惩罚。有些家长觉得，惩罚力度等同于报告卡上评价都是最差时应该有的惩罚力度就够了。有些人则把孩子关在家里，中断他平时通过代币系统购买的所有特权。

问："凯蒂已经很习惯在表现良好后立即得到薯片，而且似乎很难把她在幼儿园所做的事和她回家时我给她的筹码联系起来，所以我们每天都看到同样的评分模式。换句话说，我们进展甚微。有什么好主意吗？"

答：对于有些年龄小的孩子来说，与代币系统相关的后果太过遥远，无法带来激励。然而在尝试其他事情之前，你是否记得在孩子回到家的那一刻立即对报告卡上的良好行为给予表扬和积极关注？对很多孩子来说这就是窍门。如果以上对你女儿来说还不够，那就试着建立一个更具体的奖励机制，比如放学后给她最喜欢的零食、额外的看电视时间，假设孩子一周的评价都好，就去"宠物乐园"玩等。

问："我的孩子在这个项目上做得太好了。他赚了很多积分，只享用特权根本没办法把积分用完。我们应该做什么改变吗？"

答：我以前听说过类似的事情。有些孩子迅速意识到自己有新的财富，就不再努力获得学校以外的积分，在家的表现直线下滑。在这种情况下，最好的做法是重新评估清单上的每个奖励或特权对应的成本。然后，要么增加一些新的、更昂贵的长期特权，这样孩子就需要更多的积分来兑换特权，要么提高现有奖励的成本，这样孩子就有动力每天挣更多的积分。

问："我女儿最大的问题是忘记记下自己要写的家庭作业。除此之外，她在其他方面都有所进步。我们已经黔驴技穷了，请求帮助！"

答：试着用报告卡的背面作为作业日志。请老师帮忙指导孩子把作业写在卡片的背面，按照一天下来的时间顺序。每节课后，请老师在对孩子的行为进行评分和签名之前，先检查一下她是不是准确地记下了作业。这样当孩子回到家，你就知道你和孩子有了一份准确无误的家庭作业记录。

问："我很怀疑。突然间我儿子在每件事上都得了1级和2级。这可能吗？"

答：当然，这是有可能的，但由于行为的改变通常是渐进的，所以这种可能性不大。我不想这么说，但是大家都知道，孩子们会利用代课老师或者其他有漏洞的机会，自己填上评分并伪造老师的签名。这就是你需要安排跟老师见面的原因之一，这是向老师展示报告卡的最佳时机，而且还能发现是不是老师自己填的报告卡。

问："尽管知道会有什么后果，为什么我女儿还连续几天重复同样的错误？"

答：最妨碍报告卡体现应有价值的是学校行为和家庭后果之间的时间差。有些孩子，尤其是注意力有问题的孩子，比如患有多动症的孩子，他们很难坚持（与后果相关，有时需要额外强化），有时候要犯同样的错误，承担同样的后果，才能巩固下来。有时候，环境的差异打破了孩子的心理联系，他们需要这种心理联系激励自己要好好表现。和孩子讨论，她如何能在明天用不一样的方式处理问题情境，让她有计可循，不过她能在一天后并在学校环境中坚持这个想法吗？很多孩子都不能，所以我建议你在送女儿去学校之前，提醒她在这些情况下应该如何表现。

问："我儿子的老师说他在教室有明显进步，但是他一到操场上似乎就松懈了，所有的规则都不起作用了。为什么报告卡在那里没起到激励作用？"

答：所有的孩子都需要在课间休息时释放多余的精力。在这个自由活动时间，行为端正的孩子偶尔犯错误是很正常的。对你儿子来说，问题可能是因为场景的改变：结构松散，他就会忘记规则。请老师在课间休息之前使用"出声思维，提前思考"的办法：提醒孩子课间休息的规则，强调这些规则都列在了报告卡上，提醒孩子操场监督员正在监督他，并让孩子把报告卡交给监督员。

每日学校行为报告卡

儿童姓名：_____　　　日期：_____

老师：请对这名儿童今天在以下方面的表现进行评定。每个科目或课时用单独的一栏进行评定。评出以下等级：1＝优秀，2＝良好，3＝一般，4＝差，5＝非常差。然后这一栏的底下签上名字。在报告卡背面填写今天对该儿童表现的评语。

要评定的行为：	课时／科目						
	1	2	3	4	5	6	7
课堂参与度							
课堂作业成绩							
遵守课堂规则							
与其他孩子友好相处							
如果有家庭作业，质量如何							
教师签上名字的首字母							

请在报告卡背面写评语。

------------------------------ 复印之后从这里剪开 ------------------------------

每日学校行为报告卡

儿童姓名：_____　　　日期：_____

老师：请对这名儿童今天在以下方面的表现进行评定。每个科目或课时用单独的一栏进行评定。评出以下等级：1＝优秀，2＝良好，3＝一般，4＝差，5＝非常差。然后在这一栏的底下签上名字。在报告卡背面填写今天对该儿童表现的评语。

要评定的行为：	课时／科目						
	1	2	3	4	5	6	7
课堂参与度							
课堂作业成绩							
遵守课堂规则							
与其他孩子友好相处							
如果有家庭作业，质量如何							
教师签上名字的首字母							

请在报告卡背面写评语。

每日学校行为报告卡

儿童姓名：_____　　　　日期：_____

老师：请对这名儿童今天在以下方面的表现进行评定。每个科目或课时用单独的一栏进行评定。评出以下等级：1＝优秀，2＝良好，3＝一般，4＝差，5＝非常差。然后在这一栏的底下签上名字。在报告卡背面填写今天对该儿童表现的评语。

要评定的行为：	课时/科目						
	1	2	3	4	5	6	7
教师签上名字的首字母							

请在报告卡背面写评语。

------------------------------ 复印之后从这里剪开 ------------------------------

每日学校行为报告卡

儿童姓名：_____　　　　日期：_____

老师：请对这名儿童今天在以下方面的表现进行评定。每个科目或课时用单独的一栏进行评定。评出以下等级：1＝优秀，2＝良好，3＝一般，4＝差，5＝非常差。然后在这一栏的底下签上名字。在报告卡背面填写今天对该儿童表现的评语。

要评定的行为：	课时/科目						
	1	2	3	4	5	6	7
教师签上名字的首字母							

请在报告卡背面写评语。

每日课间休息和自由活动时间的行为报告卡

儿童姓名：_____　　日期：_____

老师：请对这名儿童今天课间休息和其他自由活动期间在以下方面的表现进行评定。每次课间休息或自由活动时间段用单独的一栏进行评定。评出以下等级：1＝优秀，2＝良好，3＝一般，4＝差，5＝非常差。然后在这一栏的底下签上名字。在报告卡背面填写评语。

要评定的行为：	课间休息/自由活动时间段				
	1	2	3	4	5
不动手动脚，不推不挤					
不戏弄别人/不笑话或贬低别人					
遵守课间或自由活动规则					
跟其他孩子友好相处					
不打架或打人，不拳打脚踢别人					
教师签上名字的首字母					

请在报告卡背面写评语。

------------------------ 复印之后从这里剪开 ------------------------

每日课间休息和自由活动时间行为报告卡

儿童姓名：_____　　日期：_____

老师：请对这名儿童今天课间休息和其他自由活动期间在以下方面的表现进行评定。每次课间休息或自由活动时间段用单独的一栏进行评定。评出以下等级：1＝优秀，2＝良好，3＝一般，4＝差，5＝非常差。然后在这一栏的底下签上名字。在报告卡背面填写评语。

要评定的行为：	课间休息/自由活动时间段				
	1	2	3	4	5
不动手动脚，不推不挤					
不戏弄别人/不笑话或贬低别人					
遵守课间或自由活动规则					
跟其他孩子友好相处					
不打架或打人，不拳打脚踢别人					
教师签上名字的首字母					

请在报告卡背面写评语。

第十二章

第8步：走向更好的明天

对于叛逆儿童的父母来说，项目的最后一步将是个巨大的跨越。在这个阶段你将独立出发，孩子和家庭的未来大有希望。到目前为止应该能充分地证明，过去几个月的时间花得很值，你学到的东西对你的家庭以及远不止你的家庭都是有益的。孩子与你相处得更好，这自然有助于他更好地与他人相处。孩子在家里能够遵守规则、举止得体，会给他带来信心和胜任感，在更广阔的世界里拥有美好的人生。现在，你可以展望未来，抱着新的希望：问题行为的倾向性不一定会妨碍孩子成为快乐、健康的人。

这并不表示任务已结束。代币系统和学校行为报告卡一直在完成任务过程中起着支撑作用，这一章将为你介绍如何有技巧地做到撤销这两个方法，但你的育儿方式应该始终遵循项目中所述的各项原则。许多父母发现，在应付具有叛逆倾向的孩子时，很容易就退行到有点消极的旧习惯上。最后一步的一个重要目标是，教你如何在孩子的行为走下坡路时检核自己的行为。

如今你身在何处

假设你在第1—7步上起码花了2个月的时间，而且为了看到孩子的进步，只要有必要，每一步你都在坚持，那么你和孩子的关系现在应该有点改善了。至少在某种程度上，往日的战场已经被持久的和平所笼罩了。想要知道自己的进展，请再次填写第 11—12 页和第 26—27 页上的表格，并将它们与项目开始时填写的表格进行比较。虽然已经完成了第 1—7 步，但是如果表格并没有显示出孩子的行为有明显的改善，请坚持使用学到的所有技巧，直到感觉情况有所好转。然后再次填写表格，看看结果是否支持你的判断。一般来说，相较之前的分数若有 30%～50% 的减少，则可以视为进步。如果还没进展到那个程度，就要继续坚持项目。我还建议，如果在最初的两个月里没有看到孩子有任何变化，你可以再坚持一个月。如果到那时都没有任何改变，就要给孩子寻求专业帮助了。

如果孩子患有多动症，他可能在很长一段时间内都需要家庭代币系统之类的支持，也可能需要个别其他治疗，比如药物治疗。如果孩子离不开代币的激励，而且一旦不持续使用处罚和计时隔离就不行，那么现在恰是考虑咨询专业人士的时机（见第三章）。

反之，如果已经看到孩子的行为有明显进步，你就可以尝试逐渐撤销这些支撑。

渐渐隐退代币、罚款和报告卡

如果孩子目前使用的是每日学校行为报告卡系统，那么即使孩子在家里的良好表现似乎不需要鼓励了，你也得继续使用家庭代币系统。然后，你的第一个目标是逐步淘汰报告卡系统。

等到整整有 2 周时间，孩子在校报告卡上都没有得过 4 级也没有 5 级，就可以考虑让孩子退出报告卡计划了。到那个时候，请老师只在周三和周五填写报告卡，周三的报告卡记录的是孩子从周一到周三的行为，周五的报告卡记录的是孩子周四和周五的行为。等到你的孩子又有2周没得到任何4级或者5级评分，老师就可以只在周五填写报告卡了，在单子上报告一整个星期的行为。再有2周没出现4级或5级的评分，就意味着可以考虑终止报告卡了。如果你看到孩子由于使用了行为矫正技术在学校里有所进步，但后来又开始恶化，那么明智的做法是，在全部淘汰前先采用一段时间的月报告卡。或者，你可以每月打电话给老师核实一下情况。

一定要告诉孩子，取消报告卡并不意味着老师不再关注他的行为。事实上，如果你收到老师关于孩子的行为的任何负面报告，都要重新启用每日报告卡。

等到孩子在没有行为报告卡的情况下也能在学校表现良好，你就可以考虑终止报告卡所依赖的家庭代币系统了。假设孩子在家里表现得很好，告诉他你将会把这个代币系统停止几天时间，看看事情的进展情况。当然，你仍然会观察孩子的行为，也要向孩子保证，特权的获得依然取决于他的良好表现，唯一缺少的是不去记录积分或者积累筹码。就像学校系统一样，如果孩子的行为在没有正式家庭代币系统的情况下退步了，就恢复使用。

了解孩子让你摆脱麻烦

当孩子退回以前的不当行为或者出现一些新的叛逆表现时，回到家庭代币系统并不是你的唯一出路。 其实应对新出现的麻烦，直接采用代币系统可能不是最佳方法。首先要确定孩子为什么又开始调皮捣蛋。

随着成长，孩子会遇到种种变化，再怎么镇定也没办法面对周期性的挑战。为了帮助你们双方尽可能快速并且比较不痛苦地克服这些挑战，你要了解孩子及他的生活中发生了什么。要给予关注！一旦你认为孩子的行为在控制之下，就很容易放松警惕，但是记住孩子生活的环境绝不会完全可控。同龄人的压力、从一个年级升到另一个年级、从一个学校升到另一个学校、生理的成熟，包括成长中的其他情况，都需要你的关注和理解。看看孩子的世界里发生了什么，并根据你对孩子的优点和缺点的了解，预测他可能出现的问题。

出声思维，提前思考！一般来说，你已经在日常生活中的转换期用过了这个重量级工具，比如有客人在家里过夜、组织聚会、一家人出去吃饭等，但也可以在更大的变化发生时使用它。你儿子马上要进入一所新学校吗？你女儿最好的朋友搬走了吗？孩子的老师在年中被换走了吗？

不要把"提前思考"限制在对孩子有直接影响的变化上。记住，影响到家庭其他成员或孩子生活中其他方面的变化往往也会影响到他。你和配偶是否开始有婚姻问题或考虑分居？你想再要一个宝宝吗？家里有人患上了慢性病吗？你开始新工作还是回到学校读书了？

还要记住，不仅仅是所谓的负面变化会给孩子带来压力。父母的重大工作晋升、搬到一所新的大房子、转换到四年级的"天才"小组，或者从奶奶那儿得到一只小狗作为礼物，这些变化会像家庭冲突或像失去某种东西或灰心失望一样，让孩子陷入慌乱。

除了预见到孩子生活中的重大转变所带来的影响，还要注意会使他情况变差的活动。如果你一直在关注孩子，那么这些问题在你的脑子里已经很清楚了。但是为了更精确，有时间的时候，检查一下在第一章和第二章填写的表格，找出对孩子来说特别麻烦的地方。列出经常引起孩子叛逆行为的地方、情况、人或其他因素。把这些麻烦点牢记于心，当这些因素不可避免地进入孩子的领地，坚决要用出声思维和提前思考，以避免出现问题。第225—228页的框里列出了其他父母指出的孩子的典型问题。

预测问题

多年来，许多家长都报告了以下问题情境。也许其中一些也适用于你的孩子。

长时间的等待。"安静坐一段时间对于泰德来说始终是一个难题，"父亲说，"所以每当我们必须要去看医生或去牙医办公室，或者在排队等着看一场热门电影的，得准备很多有趣的活动，为了让他耐心等待得提前安排额外的奖励。"我们去超市的时候如果看到收银台排着长队，会迟一些再回来买东西。我的口袋里总是放着一小袋葡萄夹心的巧克力，泰德爱吃，如果我们有什么意外状况，无论如何都要等，那泰德每耐心等待 5 分钟，我们就会给他这个奖励。"

交新朋友。"我知道，只要达雷尔回到家，他就会开始不停地谈论他交的新朋友，有可能就会有麻烦。当他真的想要给某人留下深刻印象时总是会过火，开始变得咄咄逼人，所以我们尽力去'出声思维'，并温柔地提醒他与人相处的规则：不要推搡，不骂人等。达雷尔非常喜欢玩'假设'游戏，所以我们有时会想出一些小场景方案来帮助他预测麻烦：如果丹尼来玩，他可以试一试你的新自行车吗？你会怎么做？"

人多拥挤的社会活动。"特蕾莎独自一人的时候做得很好，有偶数个女孩的时候，她通常都是还可以的，这样她们就可以组成对（一般 3 个人就有问题了），但是如果在大的、不受控制的团体中，她真的会崩溃。由于结构化的原因，她在课堂上表现得还不错，但是参加女童子军*就行不通了。我们不愿意让她错过所有这些有趣的活动，所以现在我们试着和成年的辅导人员谈谈，看看是否有办法可以让特蕾莎在活动过程中时不时地离开人群喘口气。稍微休息一下就能帮助她避免太过紧张。"

---

* 这里是指 Brownies，它是美国童子军（Girl Scouts）的一个部分，通常是 7—10 岁的小女孩参加。——译者注

亲戚要来了。"蒂娅不太容易适应日常生活的变化，比如家里有过夜的客人。我和马克都有很多的家人分散在全国各地，我们为这些常见场合立了一套"客人要来"的规则，但过了一段时间我们意识到蒂娅的不当行为依客人不同而不同。如果是祖父母来了，她又会开始骗人，而且还乱发脾气，因为她知道他们容易上当而且会屈服于她的许多要求。当表兄弟姐妹来时，她对他们的态度更多的是专横，甚至包括身体上的攻击。现在我们有单独的来客规则，我们在每套规则中专注于几个行为：当表兄妹们在这儿时，如果她不打人、不指使别人，我们就会给她很多积分，如果她触犯这些规矩，我们就要拿走很多积分；跟祖父母在一起时，对于"不要东西""不跺脚"这样的表现，我们分配了很多的积分。有些事情我们会睁一只眼闭一只眼，最后大多数来访都很顺利地结束了。"

工作时间的变化。"马克思开始上学后，我决定回去做护理工作，我们得稍做调整，但马克思似乎开始适应了。现在因为医院的财务紧张，我们都得在有需要时填补空缺，因此我的工作时间每 3 周就会改一次。我第一次上晚班后回家看到的场景如同战场：衣服和玩具到处都是，马克思坐在隔离椅上抹眼泪，我丈夫杰夫坐在客厅的一把椅子上，手里紧握一瓶饮料，好像拿的是救命的灵丹妙药。

当这种情况持续到第二天晚上和第三天时，我和杰夫认定得做点什么，于是我们坐下来开了一个家庭会议。我们温柔且坚定地问马克思发生了什么事。（问的是：亲爱的，你有什么烦恼？而不是：你到底为什么表现这么差——这个说法对他来说可不怎么好。）他告诉我们，他以为我故意要避开他，因为我不想再和他一起玩了。

我感觉糟糕透顶，陌生而且让人抓狂的作息时间表，让我整个人疲于应付，完全忘了我和马克思的特别时间了。好吧，要花的心思不仅是要确保把特别时间重新安排回来这么简单。马克思还在怀疑，伺机等着看我犯错，所以我们不得不多做一些努力，让他相信我们的诚意。首先。我们在白板上制作了一个很大的特别时间表，并且，只要我一接到未来三个星期的工作计划，我就要把每天的特别时间填进去。我们给每天的旁边再画一列，这样就可以核对每一次一起度过的特别时间，做上记号。然后，不管因为什么原因必须要推迟的话，我们会在时间表底部的一个框内来记录延期的事情。每一次延期都必须在我的下个休息日里补上，而且每周如果有三次或更多的延期，马克思就有机会选择我们一起外出进行特别活动。我们费尽周折就是为了让他意识到我们有多重视他，这块白板起到了很好的视觉提醒作用。"

赋予孩子新的职责。"有一天，莱可莎收拾了玩具，干得非常棒，我犯了一个错误，轻率地宣称我觉得她已经长大了，可以每天自己整理床铺了。好吧。你可能在想象我让她退学去血汗工厂工作的样子。她转身向我大叫起来，说我多么不公平，她绝对不会这么做，我也不可能强迫她。我很震惊，只好让步了，但后来詹姆斯开始和我讨论，我们怎么保证她能像哥哥姐姐那样随着年龄增长逐渐承担起新的家务活。

首先，我们准确找出我犯的两个错误：我没有先告诉她，她在收拾玩具方面完成得很出色，也就是说，我没有表扬她刚刚完成的事。我也没有让她觉得把自己的床整理好是一件好事，而是因为她长大懂事了才获得这种职责，所以她把这个看作是一种惩罚。最后，我忘记了和莱可莎共同生活的一个基本原则：给她一些提醒，慢慢地改变日常生活。解决方法很简单。我们跟大孩子们谈这件事，他们答应帮助我们称赞莱可莎，感谢她这些天来所做的所有家务，然后我们继续对话机制，讨论如果她继续这样做，她可能已经长大了，就可以做肯尼斯和汉娜做过的事了。3周过去了，莱可莎几乎是在乞求我们教她怎么铺床，她一直在这么做，特别是从第一周开始有人探头进她房间看她正在铺床，表扬她做得非常棒。"

新生婴儿的到来。"我已经有两个孩子了，我知道兄弟姐妹的竞争中会发生什么，但我很高兴我们的小组讨论了新生儿会对叛逆儿童有怎样的影

> 响。根据他们的经验，我做了力所能及的准备，确实有帮助，我意识到事情对丹娜来说可能是相当痛苦的过渡期。首先我发誓特别时间是神圣不可侵犯的，我和丹娜亲密地拥抱在一起，我向她保证有时候就算要把睡着了的宝宝放在婴儿床上，也保证一直都会有特别时间。我们还讨论了新生儿可能看起来让人有点失望，关于家庭新增成员我们简短地列出了一个新的家规：不对宝宝大喊大叫；不打宝宝；不在宝宝睡觉时进他的房间。第一个月，丹娜会因为一整天遵守这些规则而得到额外的 5 个积分，如果她整个星期都能坚持其中的一个规则，她会另外得到 10 分。为了避免争执（'但是，妈妈，我不知道宝宝在睡觉'），我们一致同意当宝宝在睡觉时，我会在育婴室的门上挂一个有 'Zzzzz' 标志的牌子。
>
> 有些时候，当宝宝和我都比较暴躁不安的时候，丹娜会捣乱，但总的来说，我们的计划真的很有帮助。有一天，她非常严肃地对我说，如果她愿意，宝宝可以在特别时间和我们一起玩。我觉得这很逗，因为宝宝只有两个月大，但我藏起了微笑，严肃地回答说，'谢谢，亲爱的，你真是太大方了，但是我不想有任何事干扰我们在一起的特殊时光。这对我太重要了。'

叛逆行为卷土重来，该怎么办

"出声思维，提前思考"不仅仅是在转变开始前要告诉孩子规则和后果，也表示在孩子有不当行为之前，要积极地规划孩子开始出现这类行为时你要如何反应。以下是我们推荐的：

1. 当孩子开始重复不当行为，你可以拿出一个笔记本或便签，记录问题的细节：孩子做错的是什么（破坏了什么规则），何时，何地，你打算怎样做来管理这个行为。

2. 坚持这样记录大约一周的时间，记录孩子行为中反复出现的部分和新出现的变化。

3. 现在重新浏览一下笔记本，看看是否能找到孩子"行为不当"的线索。如果用心观察发生的事情，很可能会发现造成问题的原因，比如说问题加剧的原因是，你管理孩子又用消极的老办法了：过度惩罚、强迫、祈求帮助、不一致、不公平，或者不明确。当你浏览自己的记录时，问问自己以下问题。如果有哪个问题你的答案是"是"，请重读问题后的括号里注释着的内容。问题如下。

   - "对不遵守行为施加后果管理之前，我是否重复命令太多次了？"（第2步）
   - "我是不是一直发出的是无效命令？"（如果不记得到底是什么了，就复习一下第2步。）
   - "孩子听话时我有没有忘记给她关注和表扬？"（第2步）
   - "孩子遵守了规则和命令，但我是不是没提供奖励或特权？"（如果是这样，你可能过早停止了代币系统，你需要恢复该系统，直到孩子的这些习惯成自然。）（第3步）
   - "我是否一直在推迟罚款或惩罚，直到孩子忘记了后果是什么？"（第4步和第5步）
   - "我是不是没有把特别时间放在心上？"（第1步）

4. 采取行动纠正自己的行为：践行学到的技术，给自己几天时间看看问题是不是开始自动解决了。

5. 如果没有，告诉孩子针对他持续的不当行为你的期望是什么（"从现在开始，完成家庭作业你才可以离开书桌"；"家里再也不允许骂人"；"在没有我或爸爸的允许下，除了厨房之外，任何地方都不允许吃零食"），并建立一个标记系统来奖励孩子遵守刚才解释过的规则。一定要密切注意，当孩子赢得代币时，要马上给予。

6. 从现在开始每次重复出现不当行为都要执行计时隔离。

7. 如果你的记录表明不当行为发生在特定的环境中，就采用"出声思维，提前思考"体系来解决这个问题。（见第6步）。
8. 继续做笔记，直到问题不再出现为止。如果这些都不管用，你可能需要专业帮助。见第三章。

结语

祝贺！你已经完成了心理健康咨询师所用过的最有效的一个儿童行为管理课程。如果一切进展顺利，你会见证亲子关系、作为父母的抗压水平，以及孩子履行责任和满足他人期望的能力都会有所提高。你甚至会发现，这个项目的好处也延伸到了其他孩子身上。大多数家长告诉我们，这个项目让他们对自己的能力有了新的认识，对自己准备迎接未来和可能出现的行为困难有了新的信心。你在这个项目上所付出的奉献和毅力值得高度赞扬，你所获得的自信是应得的。通过尽力改变你与孩子的互动方式和管理孩子行为的方式，促使孩子对命令更加配合，在执行日常职责时更值得信赖，在与他人的互动中更积极高效。作为父母，你已做到最好了。

资源

给家长的支持团体

可惜到目前为止,还没有专门针对对立或叛逆儿童的支持团体或其他组织。因为有很多叛逆儿童患有多动症,所以有针对多动症孩子父母的完善支持服务系统,我建议你进入该系统。国家组织会把你推荐给最近的支持团体。

美国儿童和青少年精神病学学会(American Academy of Child and Adolescent Psychiatry,AACAP)为父母提供了关于大多数儿童精神障碍的情况说明书,其中包括对立违抗性障碍。

在美国,最重要的国家级协会是儿童和成人注意缺陷／多动障碍(Children and Adults with Attention Deficit / Hyperactivity Disorder,CHADD),现在,美国几乎每个州和省份都有超过 500 个与之相关的支持协会。要找到离你最近的支持小组,请联系 CHADD 的全美总部:

CHADD National Headquarters
8181 Professional Place
Suite 150

Landover，MD 20785

电话：（800）233-4050

传真：（301）306-7090

另一个全国性（美国）的家长支持协会是注意缺陷障碍协会（Attention Deficit Disorder Association，ADDA）。联系美国全国总部办公室：

ADDA

P.O. Box 7557

Wilmington，DE 19803-9997

电话和传真（800）939-1019

美国学习障碍协会（Learning Disabilities Association of America，LDA）也为所有有学习问题的孩子的父母提供支持团体，而不仅仅是多动症孩子。他们在每个州至少有一个分会。联系美国国家办事处可以找到离你最近的分会的信息：

LDA

4156 Library Road

Pittsburgh，PA 15234-1349

电话：（412）341-1515

传真：（412）344-0224

加拿大针对多动症的全国性支持组织，是加拿大注意缺陷/多动障碍意识中心（Centre for ADHD Awareness，Canada；CADDAC）。联系CADDAC：

CADDAC

3950 14th Avenue, Suite 604

Markham, Ontario, Canada L3R OA9

电话：（416）637-8584

传真：（905）475-3232

这里还应该提到一些为英国和欧洲服务的支持团体。Thanet ADDers 是一个致力于提高对儿童和成人多动症的关注的团体，为英国和其他地方的家庭提供了实用的建议。联系这个组织：

Thanet ADDers

45 Vincent Close

Broadstairs, Kent, England CT10 2ND

电话：（0）1843 851145

电子邮件：simon@adders.org

在欧洲，一个名为"注意缺陷障碍在欧洲（Attention Deficit Disorder in Europe）"的组织在其网站上提供了有关多动症的有用信息。

在英国，注意缺陷/多动障碍信息服务（ADHD Information Services，ADDISS）提供了有关多动症的信息、支持和培训资源：

ADDISS

地址：Premier House, 112 Station Road

Edgware, Middlesex, England HA8 7BJ

电话：（0）208 952 2800

传真：（0）208 952 2909

关于多动症的时事通讯可以从 CHADD 和 ADDA，以及其他几个来源获得。

家长培训

当你决定参加专家举办的家长培训时，如何找到一位合格的治疗师？首先让孩子的儿科医生来推荐做家长行动训练的专业人士，这总是一个不错的建议。此外，如果你希望医疗保险能够支付孩子的专业服务费用，那么可能需要你先联系儿科医生，以了解这方面的情况。

你也可以联系当地的心理健康诊所或协会求得推荐人选，或者联系最近的大学医疗中心，与儿童心理学或精神病学服务中心的人谈谈，看看是否提供针对叛逆儿童的专业服务或正式的家长培训项目。如果没有，问一下在本地区有没有可推荐的人选。

孩子的学校也可能提供一些帮助。与学校的心理学专家或社会工作者谈谈，看看他是否熟悉该地区的专业人士，他们也许可以提供你想要的服务，特别是家长培训项目。或者打电话给你的学区总部，问该学区是否有一个特殊的教育家长咨询委员会。美国所有的学区都有一个特殊的教育项目，大多都有一个与之相关的家长咨询委员会。这个委员会里的家长是一个巨大的推荐来源。

然而，如同寻找支持团体，你最好的办法可能是联系 CHADD 的国家办事处，找到你所在地的分会，并向当地分会寻求推荐。CHADD 的优势在于，这是一个由像你这样的父母组成的组织，你会发现，其他的父母可能是你最大的资源。这些人可以指导你找到专业人士，一些能给父母提供真正帮助的专业人士，这些帮助都是有记录可查的。当你打电话给 CHADD 的联系人时，直接问一些问题，比如"在这个领域有没有好的治疗师？""谁能帮我们的家庭？""为人父母，谁能向我们提供帮助？"

如果你所在地区没有 CHADD 分会，请查看你的电话簿，看看有没有其他专门为多动症儿童服务的家长支持组织。美国许多地区都有独立的、非附属的支持团体，这些团体可能不隶属于 CHADD 组织，但可以提供一些关于你所在地区的心理健康专家的信息。

当你联系到引荐给你的专业人士时，不要犹豫，问这位治疗师是否熟悉罗塞尔·巴克利博士为叛逆儿童开设的家长培训项目。如果没有，问治疗师是否提供家长行动训练项目。如果这个治疗师没有，那就看看他是否认识这样做的人。

一旦找到一位治疗师，他帮助你解决了本书中所讨论的问题，请将这些信息传递出去。打电话给你当地的 CHADD 分会或你确认过的类似组织，分享你的经验，这样你就可以反过来帮助其他父母。

推荐阅读

下面推荐的书中，有些提供的技术信息可能超出了家长的需求。但是，对于想要了解更多有关儿童行为障碍的细节和科学信息的读者而言，这些书可以提供一些新的洞见。很多书可以在书店或者电商平台上找到。

Barkley, R. A.（2006）. *Attention-deficit hyperactivity disorder: A handbook for diagnosis and treatment*（3rd ed.）. New York: Guilford Press.

Barkley, R. A.（2013）. *Defiant children*（3rd ed.）: *A clinician's manual for assessment and parent training.* New York: Guilford Press.

Barkley, R. A.（2013）. *Taking charge of ADHD*（3rd ed.）: *The complete, authoritative guide for parents.* New York: Guilford Press.

Barkley, R. A., Edwards, G., & Robin, A. L.（1999）. *Defiant teens: A* clinician's manual for assessment and family intervention. New York: Guilford Press.

Barkley, R. A., Robin, A. L., & Benton, C. M.（2008）. *Your defiant teen: 10 steps to resolve conflict and rebuild your relationship.* New York: Guilford Press.

Burke, J. D., & Loeber, R.（2010）. Oppositional defiant disorder and the explanation of the comorbidity between behavioral disorders and depression. *Clinical Psychology: Science and Practice, 17,* 319-326.

Burke, J. D., Waldman, I., & Lahey, B. B.（2010）. Predictive validity of childhood oppositional defiant disorder and conduct disorder: Implications for the DSM-V. *Journal of Abnormal Psychology, 119,* 739-751.

Drabick, D. A. G., & Gadow, K. D.（2012）. Deconstructing oppositional defiant disorder: Clinic-based evidence for an anger/irritability phenotype. *Journal of the American Academy of Child and Adolescent Psychiatry, 51,* 384-393.

Drugli, M. B., Larsson, B., Fossum, S., & Morch, W. T.（2010）. Five- to six- year outcome and its prediction for children with ODD/CD treated with parent training. *Journal of Child Psychology and Psychiatry, 51,* 559-566.

DuPaul, G. J., & Stoner, G.（2003）. *ADHD in the schools*（2nd ed.）: *Assessment and intervention strategies.* New York: Guilford Press.

Greene, R. W.（2008）. *The explosive child: A new approach for understanding and parenting easily frustrated, chronically inflexible children.* New York: Harper Paperbacks.

Harvey, E. A., & Metcalf, L. A.（2012）. The interplay among preschool child and family factors and the development of ODD symptoms. *Journal of Clinical Child and Adolescent Psychology, 41,* 458-470.

Harvey, E. A., Metcalf, L. A., Fanton, J. H., & Herbet, S. D. (2011). The role of family experiences and ADHD in the early development of oppositional defiant disorder. *Journal of Consulting and Clinical Psychology, 79,* 784-795.

Hautmann, C., Eichelberger, I., Hanisch, C., Phick, J., Walter, D., & Dopfner, M. (2010). The severely impaired do profit most: Short-term and long-term predictors of therapeutic change for a parent management training under routine care conditions for children with externalizing problem behavior. *European Child and Adolescent Psychiatry, 19,* 419-430.

Kazdin, A. E. (2008). *The Kazdin method for parenting the defiant child.* New York: Houghton Mifflin Harcourt.

Mash, E.J., & Barkley, R. A. (Eds.). (2003). Child psychopathology (2nd ed.). New York: Guilford Press.

Mash, E. J., & Barkley, R. A. (Eds.). (2006). *Treatment of childhood disorders* (3rd ed.). New York: Guilford Press.

McMahon, R. J., & Forehand, R. L. (2003). Helping the noncompliant child (2nd ed.): Family-based treatment for oppositional behavior. New York: Guilford Press.

Moura, M. A., & Burns, G. L. (2010). Oppositional defiant behavior toward adults and oppositional defiant behavior toward other children: Evidence for two separate constructs with mothers' and fathers' ratings of Brazilian children. *Journal of Child Psychology and Psychiatry, 51,* 23-30.

Nock, M. K., Kazdin, A. E., Hiripi, E., & Kessler, R. C. (2007). Lifetime prevalence, correlates, and persistence of oppositional defiant disorder: Results from the National Comorbidity Survey Replication. *Journal of Child Psychology and Psychiatry, 48,* 703-713.

Reyno, S. M., & McGrath, P. J. (2006). Predictors of parent training efficacy for child externalizing behavior problems: A meta-analytic review. *Journal of Child Psychology and Psychiatry, 47,* 99-111.

Riley, D.（1997）. *The defiant child: A parent's guide to oppositional defiant disorder.* New York: Taylor Trade Publishing.

Rydell, A. M.（2010）. Family factors and children's disruptive behavior: An investigation of links between demographic characteristics, negative life events, and symptoms of ODD and ADHD. *Social Psychiatry and Epidemiology, 45,* 233-244.

Stingaris, A., & Goodman, R.（2009）. Longitudinal outcome of youth oppositionality: Irritable, headstrong, and hurtful behaviors have distinctive predictions. *Journal of the American Academy of Child and Adolescent Psychiatry, 48,* 404-412.

Wagern, S. M., & McNeil, C. B.（2008）. Parent-Child Interaction Therapy for ADHD: A conceptual overview and critical literature review. *Child and Family Behavior Therapy, 30,* 231-256.

Wilens, T.（2008）. *Straight talk about psychiatric medications for children*（3rd ed.）. New York: Guilford Press.